2010

中国渔业统计年鉴

农业部渔业局　编制

中国农业出版社

《中国渔业统计年鉴》编辑委员会

编 辑 说 明

一、《中国渔业统计年鉴》以正式出版年份标序。其统计数据起讫日期：渔民家庭收支调查起讫时间为2008年11月1日至2009年10月31日；全国渔业基础设施数据截至2009年12月31日累计数据；渔业科技统计数据起讫时间为2008年1月1日至2008年12月31日；其他数据起讫时间为2009年1月1日至12月31日。

二、统计数据中，远洋渔业数据按照远洋渔业管理办法进行统计；水产品贸易数据来源于中国海关统计；渔业基础设施、渔政管理、渔业科技数据来源于农业部相关统计资料；江西和海南两省的水产品产量数据由农业部与国家统计局联合审核得出；其他数据来源于31个省、自治区、直辖市渔业主管部门。全国水产技术推广总站和中国农业发展集团总公司数据源自2009年渔业统计年报。

三、主要统计指标数据执行2009年度国家统计局批准执行的统计指标体系（国统制［2009］96号）。

四、度量衡单位，均采用国际统一标准计量单位。涉及水产品产量数字一律采用1996年制定的水产品产量统计新标准统计。

五、部分数据合计数或相对数由于单位取舍不同而产生的计算误差，均未做机械调整。

六、全国统计数据中，均未包括香港特别行政区、澳门特别行政区和台湾省。

七、各表中的“空格”表示该项统计指标数据不足本表最小单位数、数据不详或无该项数据。

八、本年鉴数据如有误列，敬请及时指正。

编 辑 说 明

[illegible]

2009 年全国渔业统计情况综述

一、全社会渔业经济总产值和增加值

按当年价格计算，全社会渔业经济总产值 11 445.13 亿元，实现增加值 5 091.90亿元；其中渔业产值 5 937.37 亿元，实现增加值 3 337.12 亿元；渔业工业和建筑业产值 2 679.64 亿元，实现增加值 893.00 亿元；渔业流通和服务业产值 2 828.11 亿元，实现增加值 861.78 亿元。

渔业产值中，海水养殖产值 1 400.39 亿元，实现增加值 842.47 亿元；海洋捕捞产值 1 155.38 亿元，实现增加值 623.38 亿元；淡水养殖产值 2 759.31 亿元，实现增加值1 525.52亿元；淡水捕捞产值 294.53 亿元，实现增加值 174.27 亿元；水产苗种产值 327.76 亿元，实现增加值 171.48 亿元（渔业产值以国家统计局年报数为准）。

据国家统计局统计，渔业产值占农林牧渔业总产值比重为 9.32%，比上年增长 0.34%。

二、渔民人均纯收入

据对全国 10 000 户渔民家庭当年收支情况调查数核定，渔民人均纯收入为8 166元，比上年增加 591 元，增长 7.80%。

三、水产品产量及人均占有量

全国水产品总产量 5 116.40 万吨，比上年增长 4.51%。其中，海水产品产量 2 681.55 万吨，占总产量的 52%，同比增长 3.20%；淡水产品产量 2 434.85万吨，占总产量的 48%，同比增长 5.99%。全国水产品人均占有量 38.32 千克，比上年增加 1.46 千克。

在国内渔业生产中，鱼类产量 2 990.72 万吨，甲壳类产量 532.42 万吨，贝类产量 1 171.98 万吨，藻类产量 149.12 万吨，头足类产量 64.33 万吨，其他类产量 110.12 万吨。

总产量中，养殖产量 3 621.68 万吨，占总产量的 70.79%；捕捞产量 1 494.72万吨，占总产量的 29.21%。

海水养殖 海水养殖产量 1 405.22 万吨，比上年增加 64.90 万吨，增长

4.84%。其中，鱼类产量76.79万吨，比上年增加2.04万吨，增长2.73%；甲壳类产量101.69万吨，比上年增加7.51万吨，增长7.98%；贝类产量1 053.05万吨，比上年增加44.96万吨，增长4.46%；藻类产量145.65万吨，比上年增加7.04万吨，增长5.08%。海水养殖鱼类中，鲈鱼产量最高，为10.20万吨；鲆鱼产量位居第二，为8.67万吨；大黄鱼产量位居第三，为6.60万吨。

淡水养殖 淡水养殖产量2 216.46万吨，比上年增加143.96万吨，增长6.95%。其中，鱼类产量1 957.27万吨，比上年增加120.35万吨，增长6.55%；甲壳类产量196.05万吨，比上年增加18.90万吨，增长10.67%；贝类产量23.52万吨，比上年增加0.26万吨，增长1.12%；藻类产量0.7万吨，比上年增加0.08万吨，增长13.75%。淡水养殖鱼类产量中，草鱼最高，产量408.15万吨；鲢鱼位居第二，产量348.44万吨；鲤鱼位居第三，产量246.23万吨。甲壳类产量中，虾类产量138.63万吨，其中，南美白对虾和青虾养殖产量分别为53.73万吨和20.94万吨；蟹类（专指河蟹）产量57.42万吨，同比增长10.78%。贝类产量中，河蚌产量8.90万吨。其他类产量中，鳖产量23.02万吨，比上年增加2.61万吨，增长12.78%；珍珠产量3 375.43吨，同比下降26.19%。

海洋捕捞 海洋捕捞（不含远洋）产量1 178.61万吨，比上年增加28.98万吨，增长2.52%。其中，鱼类产量804.03万吨，比上年增加14.44万吨，增长1.83%；甲壳类产量201.89万吨，比上年增加7.32万吨，增长3.76%；贝类产量66.97万吨，比上年增加2.60万吨，增长4.04%；藻类产量2.76万吨，比上年减少0.90万吨，下降24.58%；头足类产量64.33万吨，比上年增加0.53万吨，增长0.84%。海洋捕捞鱼类产量中，带鱼产量最高，为117.24万吨，占鱼类产量的14.58%；其次为蓝圆鲹，产量为53.99万吨，占鱼类产量的6.71%。

淡水捕捞 淡水捕捞产量218.39万吨，比上年减少6.43万吨，下降2.86%。其中，鱼类产量152.63万吨，比上年减少8.91万吨，下降5.51%；甲壳类产量32.78万吨，比上年减少0.13万吨，下降0.41%；贝类产量28.43万吨，比上年增加1.61万吨，增长5.99%；藻类0.001 9万吨，比上年增加0.000 2万吨，增长11.76%。

远洋渔业 远洋渔业产量97.72万吨，比上年减少10.61万吨，下降9.79%。

四、水产养殖面积

全国水产养殖面积7 283.14千公顷，比上年增加733.21千公顷，增长

11.19%。其中，海水养殖面积 1 859.31 千公顷，占水产养殖总面积的 25.53%，比上年增加 280.40 千公顷，增长 17.76%；淡水养殖面积 5 423.83 千公顷，占水产养殖总面积的 74.47%，比上年增加 452.8 千公顷，增长 9.11%。

海水养殖面积 鱼类养殖面积为 83.21 千公顷，比上年增加 12.93 千公顷，增长 18.40%；甲壳类养殖面积 302.9 千公顷，比上年增加 9.44 千公顷，增长 3.22%；贝类养殖面积 1 153.92 千公顷，比上年增加 187.16 千公顷，增长 19.36%；藻类养殖面积 110.60 千公顷，比上年增加 23.43 千公顷，增长 26.87%。

淡水养殖面积 池塘养殖面积 2 331.90 千公顷，比上年增加 187.18 千公顷，增长 8.73%；水库养殖面积 1 726.41 千公顷，比上年增加 176.80 千公顷，增长 11.41%；湖泊养殖面积 998.23 千公顷，比上年增加 36.89 千公顷，增长 3.84%；河沟养殖面积 249.67 千公顷，比上年增加 47.49 千公顷，增长 23.49%；其他养殖面积 117.61 千公顷，比上年增加 4.43 千公顷，增长 3.92%；稻田养成鱼面积 1 339.71 千公顷，比上年减少 137.79 千公顷，下降 9.33%。池塘、湖泊、水库、河沟和其他养殖方式面积分别占淡水养殖总面积的 42.99%、18.40%、31.83%、4.61%、2.17%。

五、渔船拥有量

年末渔船总数 104.24 万艘、总吨位 918.15 万吨。其中，机动渔船 67.26 万艘、总吨位 859.53 万吨、总功率 2 056.80 万千瓦；非机动渔船 36.98 万艘、总吨位为 58.62 万吨。

机动渔船中，生产渔船 63.73 万艘、总吨位 780.67 万吨、总功率 1 886.03万千瓦。生产渔船中，捕捞渔船 43.08 万艘、总吨位 686.61 万吨、总功率 1 644.08 万千瓦；养殖渔船 20.65 万艘、总吨位 94.06 万吨、总功率 241.95 万千瓦。

机动渔船中，海洋机动渔船 29.58 万艘、总吨位 684.35 万吨、总功率 1 549.37万千瓦。海洋机动渔船中，海洋捕捞渔船 20.69 万艘、总吨位 583.86 万吨、总功率 1 305.83 万千瓦，分别比上年增加了 0.7 万艘、6.21 万吨、10.76 万千瓦。

六、渔业人口和渔业从业人员

渔业人口 2 084.56 万人，比上年减少 11.57 万人，下降 0.55%。渔业人口中传统渔民为 745.65 万人，比上年减少 10.30 万人，下降 1.36%。渔业从业人员1 384.73万人，比上年减少14.70万人，下降1.05%。

七、水产品进出口情况

据海关统计，2009年我国水产品进出口总量670.54万吨，总额160.60亿美元，同比分别下降2.47%和0.13%。其中出口量296.51万吨，同比下降0.68%，出口额107.95亿美元，同比增长1.13%。进口量374.03万吨，进口额52.64亿美元，同比分别下降3.85%和2.62%。贸易顺差55.31亿美元，比上年同期增加2.6亿美元。水产品出口额继续位居大宗农产品出口首位，占农产品出口总额（395.9亿美元）的27%，比上年提高0.8个百分点。

八、渔业灾情

全年由于渔业灾情造成水产品总量损失116.10万吨，经济损失152.27亿元。受灾养殖面积863.74千公顷，沉船486艘，死亡、失踪和重伤人数240人。

目　　录

第三部分 生产要素

第四部分　加工与贸易

第五部分　渔政管理

第六部分　科技与推广

第七部分 灾 害

附 录

第一部分 经济核算

1－1　总产值和增加值

全国渔业经济总产值、增加值
（按当年价格计算）

单位：万元

指　　标	2009 年		2008 年		2009 年比 2008 年增减(±)	
	产值	增加值	产值	增加值	产值	增加值
渔业经济总产值	**114 451 251.43**	**50 918 972.34**	**103 975 019.07**	**46 199 729.93**	**10 476 232.36**	**4 719 242.41**
1. 渔业	59 373 731.55	33 371 189.08	55 206 411.83	31 046 248.96	4 167 319.72	2 324 940.12
其中：海水养殖	14 003 860.72	8 424 715.49	12 633 659.52	7 621 670.66	1 370 201.20	803 044.83
淡水养殖	27 593 122.63	15 255 212.09	25 659 258.84	14 152 856.44	1 933 863.79	1 102 355.65
海洋捕捞	11 553 834.84	6 233 803.41	10 928 849.43	5 867 938.07	624 985.41	365 865.34
淡水捕捞	2 945 301.50	1 742 706.39	2 987 874.45	1 813 489.34	－42 572.95	－70 782.95
水产苗种	3 277 611.86	1 714 751.70	2 996 769.59	1 590 294.45	280 842.27	124 457.25
2. 渔业工业和建筑业	26 796 411.59	8 929 973.60	25 614 418.34	8 306 913.14	1 181 993.25	623 060.46
其中：水产品加工	20 265 994.15	6 641 285.35	19 713 704.17	6 363 129.76	552 289.98	278 155.59
渔用机具制造	1 137 598.45	368 117.08	1 042 748.14	309 268.30	94 850.31	58 848.78
其中：渔船渔机修造	676 445.64	205 711.06	609 419.81	171 768.10	67 025.83	33 942.96
渔用绳网制造	369 622.08	125 519.41	315 718.01	105 048.91	53 904.07	20 470.50
渔用饲料	2 897 865.65	1 006 219.04	2 675 423.52	888 913.80	222 442.13	117 305.24
渔用药物	108 650.61	45 690.93	109 824.38	32 027.72	－1 173.77	13 663.21
建筑业	962 053.92	358 486.98	849 669.44	304 879.76	112 384.48	53 607.22
其他	1 424 248.81	510 174.22	1 223 048.69	408 693.80	201 200.12	101 480.42
3. 渔业流通和服务业	28 281 108.29	8 617 809.66	23 154 188.90	6 846 567.83	5 126 919.39	1 771 241.83
其中：水产流通	22 918 413.73	6 356 709.96	18 620 898.92	4 931 947.96	4 297 514.81	1 424 762.00
水产（仓储）运输	1 659 458.36	610 079.03	1 247 578.45	457 922.70	411 879.91	152 156.33
休闲渔业	2 157 791.48	962 626.34	1 744 831.12	790 012.35	412 960.36	172 613.99
其他	1 545 444.72	688 394.33	1 540 880.41	666 684.82	4 564.31	21 709.51

各地区渔业经济总产值、渔业产值
（按当年价格计算）

单位：万元

指标	2009 年		2009 年比 2008 年增减（±）		渔业产值占农业产值比重（%）
	渔业经济总产值	其中：渔业产值	渔业经济总产值	其中：渔业产值	
全国总计	**114 451 251.43**	**59 373 731.55**	**10 206 385.36**	**3 897 472.72**	**9.32**
北京	188 823.26	115 660.40	3 391.52	552.85	3.27
天津	624 529.00	489 739.00	162 301.71	39 511.71	16.86
河北	1 386 099.85	1 137 666.22	83 872.62	47 684.90	2.98
山西	51 834.97	40 343.36	198.82	1 184.21	0.58
内蒙古	167 130.08	128 601.23	19 543.93	10 813.00	0.81
辽宁	9 129 982.00	4 897 771.00	1 125 592.00	701 472.00	16.34
吉林	252 779.35	180 028.86	6 184.05	4 378.71	1.36
黑龙江	602 254.20	491 018.00	92 193.98	78 389.98	2.01
上海	696 774.00	548 060.00	9 946.60	−43 324.55	18.89
江苏	11 644 188.23	7 362 308.00	1 036 819.55	562 277.00	18.85
浙江	11 952 384.00	4 500 807.00	−785 894.00	78 439.00	23.25
安徽	3 578 873.58	2 591 413.74	435 621.32	295 239.36	10.03
福建	11 948 501.47	5 897 771.83	1 114 530.79	180 131.88	28.26
江西	6 052 419.00	2 513 804.00	628 182.00	195 456.00	13.33
山东	21 306 066.57	7 979 102.24	2 359 777.57	635 676.24	12.45
河南	1 374 448.00	734 888.00	136 402.00	64 840.00	1.33
湖北	8 062 233.00	4 715 398.00	1 527 146.00	718 276.00	13.84
湖南	1 988 956.00	1 885 300.00	195 664.56	189 700.00	5.88
广东	14 463 332.16	6 795 167.46	1 446 941.32	109 253.63	19.81
广西	3 011 708.43	2 272 278.71	454 137.45	62 788.20	9.12
海南	2 284 037.00	1 633 900.00	291 359.00	160 021.00	21.91
重庆	403 445.74	268 088.34	33 340.43	26 737.33	2.66
四川	2 011 976.94	1 268 761.53	−162 325.29	−201 454.34	3.23
贵州	110 616.00	103 942.00	5 748.90	5 425.60	1.27
云南	485 295.54	315 287.22	−24 124.95	−26 665.28	2.46
西藏	1 631.00	927.00	108.20	21.20	0.21
陕西	146 758.00	75 340.00	26 749.00	25 392.00	0.49
甘肃	15 844.60	12 172.60	−149.07	223.85	0.13
青海	970.00	970.00	−699.00	−99.00	0.06
宁夏	165 874.46	87 530.81	21 784.67	13 992.24	2.87
新疆	112 700.00	100 900.00	3 101.68	2 200.00	0.86
中农发集团	228 785.00	228 785.00	−41 062.00	−41 062.00	

各地区渔业经济总产值（一）
（按当年价格计算）

单位：万元

地　区	总　计	一、渔业产值			
		合　计	海水养殖	淡水养殖	海洋捕捞
全国总计	**114 451 251.43**	**59 373 731.55**	**14 003 860.72**	**27 593 122.63**	**11 553 834.84**
北　京	188 823.26	115 660.40		93 701.45	5 200.00
天　津	624 529.00	489 739.00	35 449.00	365 048.00	63 905.00
河　北	1 386 099.85	1 137 666.22	347 142.39	357 516.14	292 570.61
山　西	51 834.97	40 343.36		38 661.42	
内蒙古	167 130.08	128 601.23		90 102.77	
辽　宁	9 129 982.00	4 897 771.00	2 301 167.00	1 016 843.00	1 064 626.00
吉　林	252 779.35	180 028.86		143 522.00	
黑龙江	602 254.20	491 018.00		372 332.00	
上　海	696 774.00	548 060.00		358 793.00	156 600.00
江　苏	11 644 188.23	7 362 308.00	981 040.00	4 721 122.00	899 318.00
浙　江	11 952 384.00	4 500 807.00	896 195.00	1 230 319.00	2 151 289.00
安　徽	3 578 873.58	2 591 413.74		2 004 996.72	
福　建	11 948 501.47	5 897 771.83	2 639 258.92	1 043 203.80	1 845 829.56
江　西	6 052 419.00	2 513 804.00		1 905 841.00	
山　东	21 306 066.57	7 979 102.24	3 833 126.82	1 365 959.90	2 164 668.17
河　南	1 374 448.00	734 888.00		611 119.00	
湖　北	8 062 233.00	4 715 398.00		3 862 260.00	
湖　南	1 988 956.00	1 885 300.00		1 705 500.00	
广　东	14 463 332.16	6 795 167.46	1 859 854.59	3 374 854.18	1 270 465.50
广　西	3 011 708.43	2 272 278.71	693 627.00	833 106.00	557 078.00
海　南	2 284 037.00	1 633 900.00	417 000.00	249 000.00	853 500.00
重　庆	403 445.74	268 088.34		222 069.00	
四　川	2 011 976.94	1 268 761.53		1 056 247.34	
贵　州	110 616.00	103 942.00		78 237.00	
云　南	485 295.54	315 287.22		263 525.69	
西　藏	1 631.00	927.00		573.00	
陕　西	146 758.00	75 340.00		66 015.00	
甘　肃	15 844.60	12 172.60		11 365.00	
青　海	970.00	970.00		970.00	
宁　夏	165 874.46	87 530.81		70 289.22	
新　疆	112 700.00	100 900.00		80 000.00	
中农发集团	228 785.00	228 785.00			228 785.00

各地区渔业经济总产值（二）
（按当年价格计算）

单位：万元

地区	一、渔业产值（续）		二、渔业工业和建筑业		
	淡水捕捞	水产苗种	合计	水产品加工	渔用机具制造 小计
全国总计	**2 945 301.50**	**3 277 611.86**	**26 796 411.59**	**20 265 994.15**	**1 137 598.45**
北京	5 683.35	11 075.60	20 614.70	1 979.70	
天津	10 849.00	14 488.00	30 359.00	3 603.00	8 200.00
河北	86 530.86	53 906.22	166 220.33	139 659.33	7 955.00
山西	730.80	951.14	1 718.70		50.00
内蒙古	29 263.97	9 234.49	13 298.84	13 277.76	
辽宁	65 958.00	449 177.00	2 303 248.00	1 890 781.00	88 196.00
吉林	24 080.00	12 396.86	59 230.00	59 205.00	25.00
黑龙江	77 668.00	41 018.00	38 461.00	15 151.00	
上海	8 316.00	24 351.00	139 983.00	128 071.00	3 881.00
江苏	590 995.00	169 833.00	2 093 553.49	1 179 299.71	127 671.53
浙江	77 000.00	146 004.00	4 434 085.00	3 772 022.00	195 656.00
安徽	448 982.05	137 434.97	265 059.23	125 290.18	30 623.93
福建	127 543.55	241 936.00	3 567 028.10	2 760 878.20	120 046.00
江西	405 963.00	202 000.00	834 752.00	675 898.00	11 452.00
山东	111 594.99	503 752.36	7 469 791.76	5 839 323.45	464 390.54
河南	38 317.00	85 452.00	189 682.00	31 776.00	1 408.00
湖北	429 140.00	423 998.00	1 129 467.00	986 793.00	11 255.00
湖南	35 294.00	144 506.00	73 559.00	59 476.00	916.00
广东	107 144.44	182 848.75	2 850 195.49	1 919 262.00	42 603.15
广西	85 677.00	102 790.71	180 129.59	158 670.82	2 928.00
海南	15 400.00	99 000.00	551 019.00	482 674.00	18 858.00
重庆	20 630.00	25 389.34	58 534.50	810.00	1 315.30
四川	86 868.97	125 645.22	218 046.67	7 288.00	5.00
贵州	13 217.00	12 488.00	1 670.00	79.00	104.00
云南	24 946.33	26 815.20	73 952.00	14 436.00	
西藏	354.00				
陕西	3 987.00	5 338.00	9 313.00	290.00	59.00
甘肃		807.60	26.00		
青海					
宁夏	167.19	17 074.40	19 714.19		
新疆	13 000.00	7 900.00	3 700.00		
中农发集团					

各地区渔业经济总产值（三）
（按当年价格计算）

单位：万元

地区	二、渔业工业和建筑业（续）					
	渔用机具制造（续）		渔用饲料	渔用药物	建筑	其他
	渔船渔机修造	渔用绳网制造				
全国总计	**676 445.64**	**369 622.08**	**2 897 865.65**	**108 650.61**	**962 053.92**	**1 424 248.81**
北京			16 545.00	170.00	1 920.00	
天津		8 200.00	1 628.00	5 600.00		11 328.00
河北	3 826.00	1 613.00	18 236.00		100.00	270.00
山西	50.00		219.47	1 404.23	45.00	
内蒙古					21.08	
辽宁	61 121.00	20 449.00	130 030.00	4 995.00	160 948.00	28 298.00
吉林		25.00				
黑龙江			21 620.00	1 690.00		
上海	3 881.00					8 031.00
江苏	35 850.72	54 155.08	203 546.15	18 741.38	86 594.95	477 699.77
浙江	118 364.00	67 756.00	257 982.00	2 791.00	88 027.00	117 607.00
安徽	3 690.19	26 933.74	60 079.16	31 934.56	7 223.16	9 908.24
福建	86 705.00	33 341.00	447 906.00	1 655.00	47 742.00	188 800.90
江西	687.00	10 765.00	110 260.00	2 065.00	27 924.00	7 153.00
山东	319 077.48	118 990.06	147 874.35	4 524.22	469 908.12	543 771.08
河南	140.00	1 268.00	153 329.00	3 119.00	50.00	
湖北	2 921.00	8 334.00	76 721.00	6 066.00	45 257.00	3 375.00
湖南	336.00	580.00	8 978.00	2 633.00	994.00	562.00
广东	26 380.25	11 290.90	838 426.89	4 292.22	20 634.61	24 976.62
广西	494.00		16 054.77	960.00	633.00	883.00
海南	12 358.00	5 002.00	45 697.00	1 598.00	928.00	1 264.00
重庆	500.00	815.30	52 805.00	505.00	2 784.00	315.20
四川	5.00		198 482.67	11 971.00	300.00	
贵州		104.00	1 487.00			
云南			58 361.00	1 155.00		
西藏						
陕西	59.00		8 283.00	681.00		
甘肃					20.00	6.00
青海						
宁夏			19 714.19			
新疆			3 600.00	100.00		
中农发集团						

各地区渔业经济总产值（四）
（按当年价格计算）

单位：万元

地区	三、渔业流通和服务业				
	合计	水产流通	水产（仓储）运输	休闲渔业	其他
全国总计	**28 281 108.29**	**22 918 413.73**	**1 659 458.36**	**2 157 791.48**	**1 545 444.72**
北京	52 548.16	9 896.00	2 275.00	40 267.16	110.00
天津	104 431.00	84 251.00	4 540.00	13 736.00	1 904.00
河北	82 213.30	50 178.80	9 027.00	13 970.50	9 037.00
山西	9 772.91	7 794.00	457.00	1 511.91	10.00
内蒙古	25 230.01	11 097.90	2 360.08	11 772.03	
辽宁	1 928 963.00	1 548 793.00	131 734.00	201 735.00	46 701.00
吉林	13 520.49	2 499.20	202.20	10 704.09	115.00
黑龙江	72 775.20	51 017.00	1 189.00	19 493.20	1 076.00
上海	8 731.00	4 300.00	96.00	4 335.00	
江苏	2 188 326.74	1 701 862.04	27 333.87	428 781.20	30 349.63
浙江	3 017 492.00	2 613 637.00	141 459.00	105 963.00	156 433.00
安徽	722 400.61	560 555.90	28 014.23	68 631.41	65 199.07
福建	2 483 701.54	2 118 600.90	180 972.64	29 560.00	154 568.00
江西	2 703 863.00	2 261 862.00	210 678.00	220 564.00	10 759.00
山东	5 857 172.57	3 963 969.32	624 999.62	337 815.78	930 387.85
河南	449 878.00	379 049.00	1 086.00	67 597.00	2 146.00
湖北	2 217 368.00	1 878 285.00	78 878.00	250 753.00	9 452.00
湖南	30 097.00	20 948.00	2 097.00	5 490.00	1 562.00
广东	4 817 969.21	4 546 567.54	80 524.65	161 815.55	29 061.47
广西	559 300.13	484 193.43	16 327.06	3 081.39	55 698.25
海南	99 118.00	75 394.00	4 698.00	2 059.00	16 967.00
重庆	76 822.90	49 130.50	3 852.43	17 153.68	6 686.29
四川	525 168.74	320 128.32	81 560.17	110 419.45	13 060.80
贵州	5 004.00	3 505.00	207.00	1 177.00	115.00
云南	96 056.32	67 557.92	14 931.42	12 693.38	873.60
西藏	704.00	312.00		392.00	
陕西	62 105.00	49 396.00	1 012.00	9 051.00	2 646.00
甘肃	3 646.00	1 391.00	445.00	1 780.00	30.00
青海					
宁夏	58 629.46	49 441.96	6 301.99	2 388.75	496.76
新疆	8 100.00	2 800.00	2 200.00	3 100.00	
中农发集团					

各地区渔业经济增加值（一）
（按当年价格计算）

单位：万元

地区	总计	一、渔业增加值			
		合计	海水养殖	淡水养殖	海洋捕捞
全国总计	**50 918 972.34**	**33 371 189.08**	**8 424 715.49**	**15 255 212.09**	**6 233 803.41**
北京	60 739.92	38 354.49		32 638.41	700.00
天津	263 150.00	234 837.00	17 370.00	174 718.00	31 313.00
河北	764 897.30	686 849.30	212 138.80	218 478.20	178 789.97
山西	7 864.65	5 244.55		4 939.86	
内蒙古	88 704.55	71 057.26		46 271.88	
辽宁	4 622 777.00	3 114 858.00	1 486 812.00	620 116.00	683 162.00
吉林	60 036.13	50 510.48		38 315.58	
黑龙江	265 726.26	232 355.40		182 070.35	
上海	160 258.02	126 053.80		82 522.39	36 018.00
江苏	5 016 161.07	4 087 554.30	544 673.53	2 621 167.51	499 301.46
浙江	3 851 503.00	2 508 367.00	559 582.00	730 184.00	1 105 801.00
安徽	1 845 672.46	1 529 698.34		1 199 748.76	
福建	6 362 885.14	3 267 202.14	1 474 943.53	582 991.93	1 031 537.43
江西	2 728 101.05	1 759 662.80		1 334 088.70	
山东	9 788 241.05	4 845 890.61	2 739 666.01	703 976.56	1 096 336.40
河南	647 634.00	482 909.00		415 200.00	
湖北	4 067 137.00	2 904 327.00		2 413 890.00	
湖南	1 296 592.00	1 229 215.60		1 111 986.00	
广东	4 226 339.55	2 287 350.29	607 226.99	1 050 072.55	524 086.89
广西	1 870 365.56	1 529 269.59	478 602.63	569 511.26	373 242.26
海南	1 405 364.00	1 213 200.00	303 700.00	182 000.00	654 000.00
重庆	240 418.37	199 206.82		173 213.82	
四川	951 645.15	697 266.20		574 117.96	
贵州	72 120.70	68 497.00		51 558.00	
云南	131 242.65	99 364.27		75 287.59	
西藏	803.00	491.00		267.00	
陕西	16 419.00	11 632.00		9 128.00	
甘肃	5 545.99	5 022.77		4 658.41	
青海	540.00	540.00		540.00	
宁夏	46 762.77	34 617.07		27 553.37	
新疆	33 810.00	30 270.00		24 000.00	
中农发集团	19 515.00	19 515.00			19 515.00

各地区渔业经济增加值（二）
（按当年价格计算）

单位：万元

地区	一、渔业增加值（续）		二、渔业工业和建筑业		
	淡水捕捞	水产苗种	合计	水产品加工	渔用机具制造 小计
全国总计	**1 742 706.39**	**1 714 751.70**	**8 929 973.60**	**6 641 285.35**	**368 117.08**
北京	1 877.19	3 138.89	4 272.13	445.13	
天津	5 207.00	6 229.00	7 003.00	1 730.00	3 189.00
河北	52 879.03	24 563.30	49 956.07	38 053.07	2 765.00
山西	167.00	137.69	445.50		
内蒙古	19 845.80	4 939.58	6 609.45	6 602.40	
辽宁	41 601.00	283 167.00	787 273.00	689 215.00	27 312.00
吉林	8 665.40	3 529.50	7 197.50	7 182.50	15.00
黑龙江	37 979.65	12 305.40	11 538.30	4 545.30	
上海	1 912.68	5 600.73	32 196.09	29 456.33	892.63
江苏	328 120.50	94 291.30	523 388.37	294 824.93	31 917.88
浙江	56 214.00	56 586.00	835 388.00	676 908.00	54 106.00
安徽	251 903.74	78 045.84	125 272.70	50 248.66	20 848.96
福建	71 277.41	106 451.84	1 908 017.09	1 490 874.23	51 619.78
江西	284 174.10	141 400.00	248 854.00	202 769.00	4 008.00
山东	58 255.36	247 656.28	2 495 744.07	1 855 980.36	140 716.64
河南	27 205.00	40 504.00	45 931.00	13 900.00	573.00
湖北	268 210.00	222 227.00	462 150.00	407 194.00	5 431.00
湖南	23 011.69	94 217.91	47 813.35	38 659.40	595.40
广东	38 127.62	67 836.24	998 990.32	615 328.54	19 515.74
广西	58 260.36	49 653.08	78 286.02	74 389.40	758.00
海南	11 500.00	62 000.00	155 164.00	135 350.00	3 586.00
重庆	16 091.40	9 901.60	15 921.59	176.00	211.05
四川	54 111.32	69 036.92	54 551.40	1 690.15	2.00
贵州	8 710.00	8 229.00	834.50	39.50	52.00
云南	11 411.94	12 664.74	16 959.05	5 695.45	
西藏	224.00				
陕西	1 800.00	704.00	904.00	28.00	2.00
甘肃		364.36	2.00		
青海					
宁夏	63.20	7 000.50	8 201.10		
新疆	3 900.00	2 370.00	1 110.00		
中农发集团					

各地区渔业经济增加值（三）
（按当年价格计算）

单位：万元

地　区	二、渔业工业和建筑业（续）					
	渔用机具制造（续）		渔用饲料	渔用药物	建　筑	其　他
	渔船渔机修造	渔用绳网制造				
全国总计	**205 711.06**	**125 519.41**	**1 006 219.04**	**45 690.93**	**358 486.98**	**510 174.22**
北　京			3 239.00	68.00	520.00	
天　津		3 189.00	511.00	879.00		694.00
河　北	1 272.00	608.00	8 916.00		25.00	197.00
山　西			20.50	400.00	25.00	
内蒙古					7.05	
辽　宁	16 920.00	5 664.00	22 286.00	877.00	43 211.00	4 372.00
吉　林		15.00				
黑龙江			6 486.00	507.00		
上　海	892.63					1 847.13
江　苏	8 962.69	13 538.77	50 886.53	4 685.35	21 648.74	119 424.94
浙　江	32 452.00	18 501.00	57 083.00	617.00	21 666.00	25 008.00
安　徽	1 835.51	19 013.45	25 183.74	21 295.77	2 426.57	5 269.00
福　建	37 283.15	14 336.63	237 390.18	877.15	25 303.26	101 952.49
江　西	240.00	3 768.00	30 873.00	681.00	8 377.00	2 146.00
山　东	91 419.82	35 982.49	50 429.59	2 135.07	207 668.94	238 813.47
河　南	42.00	531.00	30 666.00	782.00	10.00	
湖　北	1 132.00	4 299.00	26 305.00	2 716.00	19 168.00	1 336.00
湖　南	218.40	377.00	5 835.70	1 711.45	646.10	365.30
广　东	10 182.86	5 207.52	345 111.64	4 196.39	6 660.07	8 177.94
广　西	285.00		2 212.72	304.90	447.00	174.00
海　南	2 492.00	318.00	15 297.00	534.00	82.00	315.00
重　庆	77.00	131.05	14 732.59	176.75	543.25	81.95
四　川	2.00		50 620.35	2 188.90	50.00	
贵　州		39.50	743.00			
云　南			11 256.40	7.20		
西　藏						
陕　西	2.00		853.00	21.00		
甘　肃					2.00	
青　海						
宁　夏			8 201.10			
新　疆			1 080.00	30.00		
中农发集团						

各地区渔业经济增加值（四）
（按当年价格计算）

单位：万元

地　区	三、渔业流通和服务业				
	合　计	水产流通	水产（仓储）运输	休闲渔业	其　他
全国总计	**8 617 809.66**	**6 356 709.96**	**610 079.03**	**962 626.34**	**688 394.33**
北　京	18 113.30	792.00	1 230.00	16 041.80	49.50
天　津	21 310.00	9 206.00	3 517.00	6 937.00	1 650.00
河　北	28 091.93	13 684.43	3 080.00	5 727.50	5 600.00
山　西	2 174.60	1 768.73	66.50	336.37	3.00
内蒙古	11 037.84	3 534.09	1 310.05	6 193.70	
辽　宁	720 646.00	559 782.00	47 274.00	86 668.00	26 922.00
吉　林	2 328.15	403.71	64.60	1 830.34	29.50
黑龙江	21 832.56	15 305.10	356.70	5 847.96	322.80
上　海	2 008.13	989.00	22.08	997.05	
江　苏	405 218.40	170 186.21	5 466.77	214 390.60	15 174.82
浙　江	507 748.00	375 590.00	33 650.00	37 802.00	60 706.00
安　徽	190 701.42	104 929.14	13 763.17	29 990.80	42 018.31
福　建	1 187 665.91	1 016 928.43	79 627.96	15 371.20	75 738.32
江　西	719 584.25	565 465.50	63 203.40	88 225.60	2 689.75
山　东	2 446 606.37	1 640 668.40	243 018.56	153 066.33	409 853.08
河　南	118 794.00	90 972.00	313.00	26 722.00	787.00
湖　北	700 660.00	541 261.00	25 711.00	130 093.00	3 595.00
湖　南	19 563.05	13 616.20	1 363.05	3 568.50	1 015.30
广　东	939 998.94	829 836.16	36 110.64	65 031.28	9 020.86
广　西	262 809.95	231 400.74	8 731.25	1 909.05	20 768.91
海　南	37 000.00	30 762.00	2 697.00	1 780.00	1 761.00
重　庆	25 289.96	13 265.23	1 151.49	6 861.47	4 011.77
四　川	199 827.55	112 507.15	33 417.00	47 828.64	6 074.76
贵　州	2 789.20	2 041.20	103.00	588.00	57.00
云　南	14 919.33	8 365.04	1 403.68	5 150.61	
西　藏	312.00	159.00		153.00	
陕　西	3 883.00	2 078.00	113.00	1 363.00	329.00
甘　肃	521.22	250.90	32.50	227.82	10.00
青　海					
宁　夏	3 944.60	122.60	2 621.63	993.72	206.65
新　疆	2 430.00	840.00	660.00	930.00	
中农发集团					

1-2 渔民家庭收支

全国渔民人均纯收入

单位：元

地区	渔民人均纯收入			
	2009 年	2008 年	2009 年比 2008 年增减（±）	
			绝对量	幅度（%）
全国总计	**8 165.66**	**7 574.66**	**591.00**	**7.80**
北　京	11 260.92	22 510.78		
天　津	13 188.94	12 780.34	408.60	3.20
河　北	8 300.00	8 100.00	200.00	2.47
山　西	5 239.93	5 110.74	129.19	2.53
内蒙古	6 535.62	5 985.13	550.49	9.20
辽　宁	11 500.00	10 500.00	1 000.00	9.52
吉　林	5 330.12	5 285.97	44.15	0.84
黑龙江	5 800.02	5 399.99	400.04	7.41
上　海	13 335.00	12 700.01	634.99	5.00
江　苏	9 872.00	9 020.00	852.00	9.45
浙　江	12 022.00	10 938.00	1 084.00	9.91
安　徽	7 467.93	7 211.95	255.98	3.55
福　建	8 290.75	7 759.33	531.42	6.85
江　西	7 046.00	6 394.00	652.00	10.20
山　东	9 565.04	8 816.00	749.04	8.50
河　南	6 055.00	5 715.00	340.00	5.95
湖　北	7 200.00	6 600.00	600.00	9.09
湖　南	5 500.00	5 480.00	19.99	0.36
广　东	9 412.02	8 891.18	520.85	5.86
广　西	7 613.29	6 973.72	639.57	9.17
海　南	8 823.59	8 170.00	653.59	8.00
重　庆	5 560.50	4 394.69	1 165.81	26.53
四　川	6 931.44	6 364.37	567.07	8.91
贵　州	1 689.40	1 429.65	259.74	18.17
云　南	4 051.21	5 014.42	−963.21	−19.21
西　藏				
陕　西	7 355.26	6 452.78	902.48	13.99
甘　肃	2 243.42	2 918.50	−675.08	−23.13
青　海				
宁　夏	5 950.00	5 505.00	445.00	8.08
新　疆	7 803.26	7 724.84	78.42	1.02

注：北京市渔民家庭收支调查样本户轮换，数据不具可比性。

各地区渔民家庭收支调查（一）

单位：万元

地区	一、全年总收入	(一) 家庭经营收入			(二) 工资性收入		
			1. 出售水产品	2. 家庭其他经营		1. 渔业	2. 其他行业
全国总计	**197 635.71**	**173 851.53**	**158 546.47**	**15 305.06**	**12 023.12**	**7 589.31**	**4 433.81**
北京	352.66	342.93	319.38	23.55	8.20		8.20
天津	2 609.90	2 254.70	2 179.10	75.60	315.20	281.00	34.20
河北	2 522.21	2 321.52	2 182.02	139.50	61.92	31.80	30.12
山西	490.40	472.30	360.10	112.20			
内蒙古	248.64	243.16	226.82	16.34	2.20		2.20
辽宁	16 814.85	15 164.45	14 099.73	1 064.72	877.22	664.64	212.58
吉林	493.74	424.78	385.41	39.37	54.58	44.80	9.78
黑龙江	1 418.67	1 418.67	1 150.92	267.75			
上海	27 153.85	22 395.56	22 180.84	214.72	3 681.16	2 839.08	842.08
江苏	12 712.39	11 422.67	10 699.17	723.50	749.11	148.79	600.32
浙江	13 079.65	11 280.56	10 402.84	877.72	881.29	319.65	561.64
安徽	5 104.98	4 663.76	4 273.00	390.76	138.93	48.03	90.90
福建	12 864.10	10 707.64	9 942.89	764.75	1 047.11	549.02	498.09
江西	2 906.00	2 747.51	2 454.00	293.51	97.10	47.26	49.84
山东	21 102.91	19 239.05	17 909.02	1 330.03	957.07	537.96	419.11
河南	1 106.67	1 077.34	1 024.51	52.83	22.41		22.41
湖北	8 343.17	7 980.78	7 339.90	640.88	121.12	30.00	91.12
湖南	2 089.77	1 840.64	1 681.93	158.71	93.34	26.14	67.20
广东	40 858.74	35 528.71	29 909.59	5 619.12	1 783.11	1 118.19	664.92
广西	5 183.05	4 769.52	4 015.88	753.64	140.24	46.78	93.46
海南	9 068.00	7 620.10	7 559.00	61.10	302.01	257.00	45.01
重庆	1 270.00	1 227.00	1 119.00	108.00			
四川	1 483.38	1 379.52	1 264.01	115.51	66.96	1.56	65.40
贵州	150.65	134.20	123.50	10.70			
云南	693.82	676.93	609.78	67.15	8.52	1.07	7.45
西藏							
陕西	5 772.10	4 851.00	3 697.00	1 154.00	579.00	579.00	
甘肃	1 040.70	987.10	786.00	201.10	22.60	8.00	14.60
青海							
宁夏	294.61	288.33	271.93	16.40	4.18	1.00	3.18
新疆	406.10	391.10	379.20	11.90	8.54	8.54	

各地区渔民家庭收支调查（二）

单位：万元

地　区	一、全年总收入（续）							
	（三）财产性收入	1. 利息/股息/红利	2. 租金收入	3. 土地或水面转包收入	4. 土地征用补偿	5. 其他财产性收入	（四）转移性收入	1. 家庭非常住人口寄回或带回
全国总计	**2 495.31**	**614.11**	**531.72**	**460.93**	**434.80**	**453.75**	**6 382.28**	**1 190.50**
北　京	0.54	0.30		0.24			0.99	
天　津	16.80	3.60	9.20			4.00	12.20	1.00
河　北	4.82	1.31	0.80		0.71	2.00	112.35	
山　西	0.10	0.10					17.00	
内蒙古							1.40	1.00
辽　宁	216.01	44.85	35.65	108.51	5.23	21.77	285.80	38.98
吉　林	4.92	0.12	0.50	0.50	0.30	3.50	4.26	0.97
黑龙江								
上　海	120.66	8.40	28.08	74.30	5.78	4.10	318.72	8.00
江　苏	72.80	15.12	5.99	8.32	6.85	36.52	382.66	85.94
浙　江	209.09	82.98	46.79	36.19	39.32	3.81	572.57	63.14
安　徽	90.16	23.19	17.23	15.42	6.33	27.99	106.33	29.46
福　建	330.94	51.88	20.37	25.95	206.84	25.90	664.20	96.96
江　西	10.29	4.93	1.66	1.46	1.21	1.03	47.32	38.55
山　东	155.10	36.84	31.69	33.12	18.23	35.22	584.04	73.16
河　南	1.84			0.84		1.00	4.58	0.40
湖　北	40.59	8.19	0.30	20.68	0.22	11.20	156.99	119.86
湖　南	49.73	7.54	4.70	4.08	23.70	9.71	69.21	42.43
广　东	1 069.02	298.34	306.11	121.41	104.38	238.78	1 416.50	291.00
广　西	36.24	3.91	2.01	5.78	11.20	13.34	181.82	9.95
海　南	34.43	18.70	11.71			4.02	1 099.86	8.64
重　庆								
四　川	16.86	3.61	4.93	3.82	4.50		20.04	12.65
贵　州								
云　南	0.51	0.20		0.31			2.54	1.91
西　藏								
陕　西							312.90	261.50
甘　肃	13.00		4.00			9.00	8.00	5.00
青　海								
宁　夏								
新　疆	0.86					0.86		

各地区渔民家庭收支调查（三）

单位：万元

地区	一、全年总收入（续）					二、全年总支出	（一）生产费用支出	1. 家庭经营费用支出
	（四）转移性收入（续）				（五）其他收入			
	2. 亲友赠送	3. 救济金/救灾款/抚恤金	4. 生产补贴	5. 其他转移性收入				
全国总计	**119.97**	**202.07**	**4 304.14**	**565.60**	**2 883.47**	**154 952.79**	**128 353.77**	**122 902.22**
北　京			0.25	0.74		309.30	272.30	259.82
天　津			11.20		11.00	2 246.44	2 004.44	1 927.64
河　北	4.00	2.20	106.15		21.60	2 035.64	1 694.36	1 641.63
山　西			17.00		1.00	436.53	404.55	337.75
内蒙古	0.30		0.10		1.88	261.91	187.22	187.22
辽　宁	16.76	4.60	180.46	45.00	271.37	14 216.14	12 652.79	12 402.21
吉　林	0.85		1.69	0.75	5.20	377.27	317.49	304.87
黑龙江						1 042.62	906.11	896.11
上　海	3.00		295.77	11.95	637.75	21 906.96	19 376.02	19 026.97
江　苏	6.48	4.55	278.15	7.54	85.15	9 598.05	7 691.42	7 461.69
浙　江	21.79	7.97	419.84	59.83	136.14	11 578.71	8 509.61	8 051.03
安　徽	5.36	4.05	54.03	13.43	105.80	3 967.35	2 989.72	2 858.22
福　建	2.57		500.19	64.48	114.21	11 496.35	8 779.64	8 247.66
江　西	1.27	0.18	6.21	1.11	3.78	2 512.78	2 016.02	1 929.81
山　东	23.09	1.22	431.16	55.41	167.65	17 519.51	14 987.21	14 196.02
河　南			3.64	0.54	0.50	963.65	832.13	825.80
湖　北	6.40	4.54	18.97	7.22	43.69	6 224.16	4 879.76	4 667.08
湖　南	8.46	2.85	8.10	7.37	36.85	1 712.93	1 252.27	1 213.33
广　东	10.83	165.37	753.48	195.82	1 061.40	27 219.49	23 190.97	21 935.82
广　西	2.07	1.31	166.58	1.91	55.23	4 275.21	3 354.75	3 223.67
海　南	3.49	0.23	995.00	92.50	11.60	6 528.50	5 631.27	5 271.27
重　庆					43.00	1 012.00	719.00	719.00
四　川	3.25		4.14			1 277.61	1 061.02	1 057.15
贵　州					16.45	79.83	34.26	34.26
云　南			0.63		5.32	578.95	493.10	486.97
西　藏								
陕　西			51.40		29.20	4 265.00	2 938.10	2 604.00
甘　肃		3.00			10.00	685.56	615.30	585.00
青　海								
宁　夏					2.10	277.13	245.59	244.37
新　疆					5.60	347.21	317.35	305.85

各地区渔民家庭收支调查（四）

单位：万元

地 区	二、全年总支出（续）							
	（一）生产费用支出（续）							
	1. 家庭经营费用支出（续）							
	（1）渔业生产支出	1. 燃料及冰费用	2. 雇工费用	3. 饲料及苗种费用	4. 其他生产支出	（2）固定资产折旧支出	其中：渔业固定资产折旧	（3）其他家庭经营费用支出
全国总计	**109 926.57**	**22 195.18**	**10 914.95**	**65 771.92**	**11 044.52**	**4 320.91**	**3 375.88**	**8 654.74**
北 京	248.98	11.63	21.40	194.55	21.40	3.12	2.42	7.72
天 津	1 867.16	69.50	136.46	1 503.90	157.30	42.58	37.08	17.90
河 北	1 565.45	361.46	171.35	889.56	143.08	54.84	46.11	21.34
山 西	225.05	7.10	11.52	175.20	31.23	12.20	8.20	100.50
内蒙古	160.44	12.78	11.50	110.72	25.44	13.88	13.78	12.90
辽 宁	10 764.77	2 389.67	1 832.07	5 782.44	760.59	463.40	333.33	1 174.04
吉 林	276.28	17.51	46.50	183.14	29.13	13.64	12.39	14.95
黑龙江	780.29			780.29				115.82
上 海	18 633.35	698.17	649.15	15 664.45	1 621.58	267.54	238.16	126.08
江 苏	6 833.58	834.13	499.47	4 797.06	702.92	248.09	208.00	380.02
浙 江	7 413.27	1 742.99	704.06	3 821.55	1 144.67	231.37	206.81	406.39
安 徽	2 480.05	144.11	1 187.94	799.85	348.15	122.08	109.73	256.09
福 建	7 116.83	3 509.86	952.08	1 227.64	1 427.25	517.25	377.76	613.58
江 西	1 627.92	80.90	49.16	1 158.57	339.29	80.18	52.99	221.71
山 东	13 101.63	3 818.55	1 480.21	6 748.68	1 054.19	558.39	412.30	536.00
河 南	806.12		12.80	734.94	58.38	2.31	2.20	17.37
湖 北	4 158.04	182.76	127.28	3 660.80	187.20	129.61	111.94	379.43
湖 南	1 149.60	34.09	29.55	1 040.16	45.80	19.60	13.46	44.13
广 东	17 766.92	3 990.74	1 609.71	10 282.07	1 884.40	871.77	581.33	3 297.13
广 西	2 779.40	1 106.07	201.21	1 310.03	162.09	127.26	98.21	317.01
海 南	5 052.50	2 881.10	945.00	875.40	351.00	215.10	205.40	3.67
重 庆	631.00			631.00		10.00	9.00	78.00
四 川	987.89	28.37	15.23	873.04	71.25	11.09	7.96	58.17
贵 州	34.26	6.32	2.90	22.27	2.77			
云 南	448.45	5.90	24.94	389.72	27.89	5.66	3.91	32.86
西 藏								
陕 西	1 952.00	179.00	149.00	1 253.00	371.00	281.00	269.00	371.00
甘 肃	532.00	76.20	11.80	392.00	52.00	12.00	9.00	41.00
青 海								
宁 夏	235.59	4.22	15.66	204.15	11.56	2.75	1.21	6.03
新 疆	297.75	2.05	17.00	265.74	12.96	4.20	4.20	3.90

各地区渔民家庭收支调查（五）

单位：万元

地 区	二、全年总支出（续）							
	（一）生产费用支出（续）	（二）税费支出		（三）财产性支出	（四）转移性支出	（五）生活支出		（六）其他支出
	2. 购置生产性固定资产支出		其中：渔业税费支出				其中：食物支出	
全国总计	**5 451.55**	**2 154.99**	**1 816.98**	**1 740.45**	**789.63**	**17 780.68**	**10 287.36**	**4 133.27**
北 京	12.48	7.42	6.32	1.70	2.20	19.65	13.95	6.03
天 津	76.80	14.00		8.00		183.40	102.10	36.60
河 北	52.73	32.74	32.58	29.10	2.30	258.26	133.02	18.88
山 西	66.80			15.50		14.28	7.68	2.20
内蒙古						21.73	16.36	52.96
辽 宁	250.58	274.72	254.73	29.75	26.72	1 035.30	665.13	196.86
吉 林	12.62	1.16	1.16	2.56	2.16	42.58	21.33	11.32
黑龙江	10.00	39.34	33.47			97.17		
上 海	349.05	47.81	47.81	47.70	17.40	1 601.86	749.86	816.17
江 苏	229.73	239.83	229.29	58.40	23.64	1 290.98	769.43	293.78
浙 江	458.58	130.10	87.20	528.52	73.86	1 993.03	969.48	343.59
安 徽	131.50	120.83	117.52	60.77	83.87	519.39	302.59	192.77
福 建	531.98	43.26	37.70	131.84	30.96	2 173.36	1 521.12	337.29
江 西	86.21	6.00	5.44	1.89	5.91	442.12	291.11	40.84
山 东	791.19	273.95	200.27	143.42	109.19	1 713.56	719.03	292.18
河 南	6.33	31.13	31.13		0.43	89.54	59.85	10.42
湖 北	212.68	259.82	239.49	123.36	95.34	675.74	533.39	190.14
湖 南	38.94	20.18	17.00	16.07	17.66	376.94	212.06	29.81
广 东	1 255.15	310.85	229.81	183.31	112.15	2 841.92	1 793.68	580.29
广 西	131.08	16.20	9.68	40.95	13.13	692.66	485.35	157.52
海 南	360.00	51.40	41.76	178.70	14.63	493.50	190.50	159.00
重 庆		81.00	60.00			175.00	118.00	37.00
四 川	3.87	0.66	0.66	1.20	7.28	203.24	121.65	4.21
贵 州		2.30	2.30	6.00		23.60	12.40	13.67
云 南	6.13	7.73	7.66	0.91		53.96	36.17	23.25
西 藏								
陕 西	334.10	131.50	114.00	121.60	146.00	671.30	387.00	256.50
甘 肃	30.30	11.06	10.00	8.00	4.00	22.20	18.00	25.00
青 海								
宁 夏	1.22			1.20	0.80	28.41	17.38	1.13
新 疆	11.50					26.00	19.74	3.86

各地区渔民家庭收支调查（六）

单位：万元

地　区	三、全年纯收入	其中：渔业纯收入	四、调查户数（户）	其中：养殖户数（户）	五、调查户家庭总人数（人）	六、调查户家庭专业从业人员（人）
全国总计	**72 578.50**	**51 016.35**	**14 008**	**10 760**	**53 885**	**29 923**
北　京	85.42	61.66	17	17	55	33
天　津	668.26	555.86	62	57	258	131
河　北	847.84	569.68	250	146	1 034	602
山　西	152.65	126.85	6	6	38	14
内蒙古	61.42	52.60	17	16	70	37
辽　宁	4 137.92	3 411.54	801	506	2 968	1 705
吉　林	187.71	140.38	23	22	100	67
黑龙江	483.22	337.16	156	156	612	349
上　海	8 079.07	6 100.60	1 376	1 248	4 235	2 312
江　苏	5 010.87	3 577.09	925	712	3 702	2 128
浙　江	4 898.52	3 015.21	830	523	3 044	1 849
安　徽	2 125.93	1 613.73	359	324	1 490	862
福　建	4 573.18	2 959.62	1 200	614	5 516	2 730
江　西	970.19	814.91	304	267	1 377	795
山　东	6 632.94	4 732.78	1 650	1 334	6 475	3 581
河　南	249.74	185.06	80	80	352	206
湖　北	3 416.27	2 860.43	627	627	2 699	1 651
湖　南	856.26	528.01	310	304	1 225	729
广　东	18 612.07	12 449.72	1 400	740	6 300	3 080
广　西	1 943.18	1 175.37	350	233	1 589	850
海　南	3 745.33	2 516.34	240	60	1 460	812
重　庆	470.00	419.00	288	228	845	570
四　川	425.57	269.06	162	162	614	359
贵　州	114.09	86.94	16	10	72	33
云　南	199.12	150.83	42	42	196	99
西　藏						
陕　西	3 036.60	1 941.00	1 987	1 832	5 419	3 704
甘　肃	444.64	243.00	507	471	2 022	554
青　海						
宁　夏	50.24	36.13	13	13	66	45
新　疆	100.25	85.79	10	10	52	36

第二部分　生　　产

2-1 水产品总产量

全国水产品总产量

单位：吨

指　标	2009 年	2008 年	2009 年比 2008 年增减（±）	
			绝对量	幅度（%）
水产品总产量	**51 164 039**	**48 955 986**	**2 208 053**	**4.51**
海水产品	26 815 555	25 982 815	832 740	3.20
淡水产品	24 348 484	22 973 171	1 375 313	5.99
养殖产量	36 216 826	34 128 213	2 088 613	6.12
海水养殖	14 052 220	13 403 236	648 984	4.84
淡水养殖	22 164 606	20 724 977	1 439 629	6.95
捕捞产量	14 947 213	14 827 773	119 440	0.81
海洋捕捞	11 786 109	11 496 270	289 839	2.52
远洋渔业	977 226	1 083 309	−106 083	−9.79
淡水捕捞	2 183 878	2 248 194	−64 316	−2.86
养殖产品中：鱼类	20 340 641	19 116 746	1 223 895	6.40
甲壳类	2 977 446	2 713 293	264 153	9.74
贝类	10 765 706	10 313 533	452 173	4.38
藻类	1 463 558	1 392 254	71 304	5.12
其他类	669 475	592 387	77 088	13.01
捕捞产品中：鱼类	9 566 571	9 511 265	55 306	0.58
甲壳类	2 346 737	2 274 920	71 817	3.16
贝类	954 073	912 026	42 047	4.61
藻类	27 617	36 610	−8 993	−24.56
头足类	643 255	637 910	5 345	0.84
其他类	431 734	371 733	60 001	16.14

各地区水产品产量（一）

单位：吨

地 区	2009年							
	总产量	1. 养殖产品小计	a. 海水养殖	b. 淡水养殖	2. 捕捞产品小计	a. 海洋捕捞	b. 远洋渔业	c. 淡水捕捞
全国总计	**51 164 039**	**36 216 826**	**14 052 220**	**22 164 606**	**14 947 213**	**11 786 109**	**977 226**	**2 183 878**
北 京	58 161	50 263		50 263	7 898		3 913	3 985
天 津	334 044	299 907	14 067	285 840	34 137	16 459	8 929	8 749
河 北	1 004 100	663 050	300 567	362 483	341 050	253 317		87 733
山 西	31 000	30 251		30 251	749			749
内蒙古	105 979	76 393		76 393	29 586			29 586
辽 宁	4 006 050	2 817 622	2 143 168	674 454	1 188 428	995 312	136 808	56 308
吉 林	165 184	145 998		145 998	19 186			19 186
黑龙江	380 700	337 551		337 551	43 149			43 149
上 海	308 986	147 867		147 867	161 119	21 865	134 486	4 768
江 苏	4 432 236	3 541 495	734 960	2 806 535	890 741	562 663	7 346	320 732
浙 江	4 403 134	1 539 281	764 565	774 716	2 863 853	2 666 376	107 134	90 343
安 徽	1 831 462	1 524 177		1 524 177	307 285			307 285
福 建	5 675 206	3 569 221	2 930 254	638 967	2 105 985	1 859 258	168 606	78 121
江 西	2 010 503	1 782 993		1 782 993	227 510			227 510
山 东	7 535 939	4 958 006	3 814 304	1 143 702	2 577 933	2 370 891	78 700	128 342
河 南	537 650	507 053		507 053	30 597			30 597
湖 北	3 338 896	3 076 742		3 076 742	262 154			262 154
湖 南	1 880 600	1 770 414		1 770 414	110 186			110 186
广 东	7 025 951	5 374 100	2 346 157	3 027 943	1 651 851	1 415 867	109 474	126 510
广 西	2 622 793	1 842 464	822 505	1 019 959	780 329	662 979	4 705	112 645
海 南	1 454 899	474 542	181 673	292 869	980 357	961 122		19 235
重 庆	203 900	194 020		194 020	9 880			9 880
四 川	1 001 317	943 638		943 638	57 679			57 679
贵 州	80 300	69 259		69 259	11 041			11 041
云 南	271 217	247 782		247 782	23 435			23 435
西 藏	500	92		92	408			408
陕 西	56 000	51 846		51 846	4 154			4 154
甘 肃	11 926	11 926		11 926				
青 海	1 400	1 360		1 360	40			40
宁 夏	81 844	81 650		81 650	194			194
新 疆	95 037	85 863		85 863	9 174			9 174
中农发集团	217 125				217 125		217 125	

各地区水产品产量（二）

单位：吨

地区	2008年							
	总产量	1. 养殖产品小计	a. 海水养殖	b. 淡水养殖	2. 捕捞产品小计	a. 海洋捕捞	b. 远洋渔业	b. 淡水捕捞
全国总计	**48 955 986**	**34 128 213**	**13 403 236**	**20 724 977**	**14 827 773**	**11 496 270**	**1 083 309**	**2 248 194**
北京	60 761	49 550		49 550	11 211		7 150	4 061
天津	322 500	289 296	14 082	275 214	33 204	18 777	5 717	8 710
河北	966 400	631 976	295 950	336 026	334 424	253 300		81 124
山西	30 700	29 810		29 810	890			890
内蒙古	98 212	70 283		70 283	27 929			27 929
辽宁	3 776 505	2 598 771	2 020 980	577 791	1 177 734	1 028 217	112 136	37 381
吉林	155 000	134 870		134 870	20 130			20 130
黑龙江	355 800	314 005		314 005	41 795			41 795
上海	323 400	142 414		142 414	180 986	20 055	157 149	3 782
江苏	4 250 005	3 350 031	674 414	2 675 617	899 974	566 308	11 781	321 885
浙江	4 187 900	1 561 722	830 785	730 937	2 626 178	2 343 219	202 000	80 959
安徽	1 722 849	1 412 736		1 412 736	310 113			310 113
福建	5 420 000	3 360 929	2 777 821	583 108	2 059 071	1 833 728	149 000	76 343
江西	1 903 862	1 662 508		1 662 508	241 354			241 354
山东	7 303 005	4 692 149	3 613 510	1 078 639	2 610 856	2 383 213	98 000	129 643
河南	505 760	476 150		476 150	29 610			29 610
湖北	3 133 937	2 831 300		2 831 300	302 637			302 637
湖南	1 785 899	1 626 374		1 626 374	159 525			159 525
广东	6 804 121	5 140 916	2 229 773	2 911 143	1 663 205	1 454 640	83 670	124 895
广西	2 499 838	1 729 448	775 866	953 582	770 390	656 024	8 706	105 660
海南	1 394 000	435 337	170 055	265 282	958 663	938 789		19 874
重庆	190 600	180 738		180 738	9 862			9 862
四川	952 046	893 924		893 924	58 122			58 122
贵州	78 000	66 609		66 609	11 391			11 391
云南	254 629	230 932		230 932	23 697			23 697
西藏	500	96		96	404			404
陕西	52 200	48 136		48 136	4 064			4 064
甘肃	11 770	11 011		11 011	759			759
青海	1 450	1 420		1 420	30			30
宁夏	75 137	74 955		74 955	182			182
新疆	91 200	79 817		79 817	11 383			11 383
中农发集团	248 000				248 000		248 000	

各地区水产品产量（三）

单位：吨

地 区	2009年比2008年增减（±）							
	总产量	1. 养殖产品小计	a. 海水养殖	b. 淡水养殖	2. 捕捞产品小计	a. 海洋捕捞	b. 远洋渔业	c. 淡水捕捞
全国总计	**2 208 053**	**2 088 613**	**648 984**	**1 439 629**	**119 440**	**289 839**	**−106 083**	**−64 316**
北 京	−2 600	713		713	−3 313		−3 237	−76
天 津	11 544	10 611	−15	10 626	933	−2 318	3 212	39
河 北	37 700	31 074	4 617	26 457	6 626	17		6 609
山 西	300	441		441	−141			−141
内蒙古	7 767	6 110		6 110	1 657			1 657
辽 宁	229 545	218 851	122 188	96 663	10 694	−32 905	24 672	18 927
吉 林	10 184	11 128		11 128	−944			−944
黑龙江	24 900	23 546		23 546	1 354			1 354
上 海	−14 414	5 453		5 453	−19 867	1 810	−22 663	986
江 苏	182 231	191 464	60 546	130 918	−9 233	−3 645	−4 435	−1 153
浙 江	215 234	−22 441	−66 220	43 779	237 675	323 157	−94 866	9 384
安 徽	108 613	111 441		111 441	−2 828			−2 828
福 建	255 206	208 292	152 433	55 859	46 914	25 530	19 606	1 778
江 西	106 641	120 485		120 485	−13 844			−13 844
山 东	232 934	265 857	200 794	65 063	−32 923	−12 322	−19 300	−1 301
河 南	31 890	30 903		30 903	987			987
湖 北	204 959	245 442		245 442	−40 483			−40 483
湖 南	94 701	144 040		144 040	−49 339			−49 339
广 东	221 830	233 184	116 384	116 800	−11 354	−38 773	25 804	1 615
广 西	122 955	113 016	46 639	66 377	9 939	6 955	−4 001	6 985
海 南	60 899	39 205	11 618	27 587	21 694	22 333		−639
重 庆	13 300	13 282		13 282	18			18
四 川	49 271	49 714		49 714	−443			−443
贵 州	2 300	2 650		2 650	−350			−350
云 南	16 588	16 850		16 850	−262			−262
西 藏		−4		−4	4			4
陕 西	3 800	3 710		3 710	90			90
甘 肃	156	915		915	−759			−759
青 海	−50	−60		−60	10			10
宁 夏	6 707	6 695		6 695	12			12
新 疆	3 837	6 046		6 046	−2 209			−2 209
中农发集团	−30 875				−30 875		−30 875	

2-2 水产养殖

全国水产养殖产量（按水域和养殖方式分）

单位：吨

指标		2009年	2008年	2009年比2008年增减（±）绝对量	幅度（%）
总计		**36 216 826**	**34 128 213**	**2 088 613**	**6.12**
1. 海水养殖		14 052 220	13 403 236	648 984	4.84
按水域分	海上	7 398 170	6 737 688	660 482	9.80
	滩涂	5 117 752	5 166 516	−48 764	−0.94
	其他	1 536 298	1 499 032	37 266	2.49
养殖方式中	池塘	1 852 906	1 414 221	438 685	31.02
	普通网箱	324 606	269 937	54 669	20.25
	深水网箱	59 121	35 673	23 448	65.73
	筏式	3 880 306	3 823 441	56 865	1.49
	吊笼	523 294	444 663	78 631	17.68
	底播	3 870 594	2 982 620	887 974	29.77
	工厂化	102 804	83 250	19 554	23.49
2. 淡水养殖		22 164 606	20 724 977	1 439 629	6.95
按水域分	池塘	15 488 542	14 594 472	894 070	6.13
	湖泊	1 527 254	1 456 226	71 028	4.88
	水库	2 684 093	2 415 397	268 696	11.12
	河沟	697 123	558 668	138 455	24.78
	其他	604 927	530 246	74 681	14.08
	稻田养成鱼	1 162 667	1 169 968	−7 301	−0.62
养殖方式中	围栏	530 666	510 761	19 905	3.90
	网箱	1 069 605	883 823	185 782	21.02
	工厂化	158 946	133 680	25 266	18.90

全国海水养殖产量（一）

单位：吨

指 标	2009 年	2008 年	2009 年比 2008 年增减（±）	
			绝对量	幅度（%）
海水养殖	**14 052 220**	**13 403 236**	**648 984**	**4.84**
1. 鱼类	767 938	747 504	20 434	2.73
其中：鲈鱼	101 971	95 747	6 224	6.50
鲆鱼	86 672	78 141	8 531	10.92
大黄鱼	66 021	65 977	44	0.07
军曹鱼	29 104	23 475	5 629	23.98
鲕鱼	19 404	19 511	−107	−0.55
鲷鱼	40 253	36 250	4 003	11.04
美国红鱼	49 118	50 947	−1 829	−3.59
河鲀	18 868	15 518	3 350	21.59
石斑鱼	44 155	45 213	−1 058	−2.34
鲽鱼	11 521	8 274	3 247	39.24
2. 甲壳类	1 016 939	941 791	75 148	7.98
虾	796 479	725 442	71 037	9.79
其中：南美白对虾	580 843	520 133	60 710	11.67
斑节对虾	60 210	60 899	−689	−1.13
中国对虾	44 388	42 552	1 836	4.31
日本对虾	50 407	47 721	2 686	5.63
蟹	220 460	216 349	4 111	1.90
其中：梭子蟹	95 788	83 803	11 985	14.30
青蟹	115 881	113 852	2 029	1.78

全国海水养殖产量（二）

单位：吨

指　　标	2009 年	2008 年	2009 年比 2008 年增减（±）	
			绝对量	幅度（%）
3. 贝类	10 530 465	10 080 901	449 564	4.46
牡蛎	3 503 782	3 354 382	149 400	4.45
鲍	42 373	33 010	9 363	28.36
螺	203 795	224 967	−21 172	−9.41
蚶	276 742	290 177	−13 435	−4.63
贻贝	637 373	479 902	157 471	32.81
江珧	15 369	11 155	4 214	37.78
扇贝	1 276 770	1 137 039	139 731	12.29
蛤	3 192 461	3 058 073	134 388	4.39
蛏	683 806	742 084	−58 278	−7.85
4. 藻类	1 456 469	1 386 022	70 447	5.08
海带	827 965	797 751	30 214	3.79
裙带菜	132 417	132 021	396	0.30
紫菜	107 475	81 466	26 009	31.93
江蓠	125 352	114 446	10 906	9.53
麒麟菜	6 590	6 724	−134	−1.99
石花菜	120	120		
羊栖菜	7 949	8 748	−799	−9.13
苔菜	1 060	1 254	−194	−15.47
5. 其他类	280 409	247 018	33 391	13.52
海参	102 159	92 567	9 592	10.36
海胆（千克）	6 086 131	3 023 186	3 062 945	101.32
海水珍珠（千克）	22 713	15 392	7 321	47.56
海蜇	62 969	47 405	15 564	32.83

全国淡水养殖产量

单位：吨

指　　标	2009 年	2008 年	2009 年比 2008 年增减（±）	
			绝对量	幅度（%）
淡水养殖产量	**22 164 606**	**20 724 977**	**1 439 629**	**6.95**
1. 鱼类	19 572 703	18 369 242	1 203 461	6.55
2. 甲壳类	1 960 507	1 771 502	189 005	10.67
虾	1 386 272	1 253 145	133 127	10.62
其中：罗氏沼虾	144 467	127 788	16 679	13.05
青虾	209 401	205 010	4 391	2.14
克氏原螯虾	479 374	364 619	114 755	31.47
南美白对虾	537 299	542 632	−5 333	−0.98
蟹（河蟹）	574 235	518 357	55 878	10.78
3. 贝类	235 241	232 632	2 609	1.12
其中：河蚌	88 984	89 392	−408	−0.46
螺	99 080	93 629	5 451	5.82
蚬	20 125	18 980	1 145	6.03
4. 藻类（螺旋藻）	7 089	6 232	857	13.75
5. 其他类	389 066	345 369	43 697	12.65
其中：龟	22 449	20 028	2 421	12.09
鳖	230 219	204 139	26 080	12.78
蛙	91 907	81 871	10 036	12.26
珍珠（千克）	3 375 429	4 573 344	−1 197 915	−26.19
6. 观赏鱼（万尾）	221 902	329 330	−107 428	−32.62

全国淡水养殖主要鱼类产量

单位：吨

指　标	2009 年	2008 年	2009 年比 2008 年增减（±）	
			绝对量	幅度（%）
青鱼	387 623	359 804	27 819	7.73
草鱼	4 081 520	3 707 146	374 374	10.10
鲢鱼	3 484 442	3 193 270	291 172	9.12
鳙鱼	2 434 555	2 290 228	144 327	6.30
鲤鱼	2 462 346	2 350 691	111 655	4.75
鲫鱼	2 055 478	1 955 500	99 978	5.11
鳊鱼	625 789	599 623	26 166	4.36
泥鳅	176 405	153 257	23 148	15.10
鲶鱼	325 268	315 749	9 519	3.01
鮰鱼	223 233	224 471	−1 238	−0.55
黄颡鱼	163 556	134 448	29 108	21.65
鲑鱼	1 448	1 829	−381	−20.83
鳟鱼	16 357	16 776	−419	−2.50
河鲀	2 210	2 115	95	4.49
短盖巨脂鲤	85 706	77 462	8 244	10.64
长吻鮠	17 900	15 347	2 553	16.64
黄鳝	237 034	212 129	24 905	11.74
鳜鱼	235 514	229 269	6 245	2.72
池沼公鱼	14 814	10 962	3 852	35.14
银鱼	17 523	15 822	1 701	10.75
鲈鱼	174 471	166 601	7 870	4.72
乌鳢	358 502	324 131	34 371	10.60
罗非鱼	1 257 978	1 110 298	147 680	13.30
鲟鱼	28 723	21 396	7 327	34.24
鳗鲡	214 698	205 325	9 373	4.56

各地区海水养殖产量（按品种分）（一）

单位：吨

地 区	海水养殖产量	1. 鱼类	其中					
			鲈鱼	鲆鱼	大黄鱼	军曹鱼	鰤鱼	鲷鱼
全国总计	**14 052 220**	**767 938**	**101 971**	**86 672**	**66 021**	**29 104**	**19 404**	**40 253**
天 津	14 067	2 142	11	1 398				
河 北	300 567	14 718	1 147	2 666				10
辽 宁	2 143 168	40 008	1 213	23 613				
上 海								
江 苏	734 960	43 135	1 318	1 967				29
浙 江	764 565	32 342	9 839	111	3 365		55	3 611
福 建	2 930 254	158 874	12 757	2 390	58 622	326	4 540	16 088
山 东	3 814 304	127 588	25 111	53 696	190			1 695
广 东	2 346 157	279 638	40 408	831	3 844	18 312	14 022	11 229
广 西	822 505	26 102	7 680			200		5 337
海 南	181 673	43 391	2 487			10 266	787	2 254

各地区海水养殖产量（按品种分）（二）

单位：吨

地 区	1. 鱼类（续）				2. 甲壳类	(1) 虾	其中	
	其中（续）							
	美国红鱼	河鲀	石斑鱼	鲽鱼			南美白对虾	斑节对虾
全国总计	**49 118**	**18 868**	**44 155**	**11 521**	**1 016 939**	**796 479**	**580 843**	**60 210**
天 津	30	18	165	79	11 925	11 922	11 843	
河 北	35	3 410	1 120	12	18 009	15 568	7 314	
辽 宁		4 989		395	25 828	24 997	10 126	
上 海								
江 苏	20	170		1 106	66 465	44 089	24 018	610
浙 江	6 802	10	73	58	79 527	34 405	21 894	924
福 建	10 978	1 073	9 790	505	88 460	48 749	30 437	5 317
山 东	3 510	5 318	110	8 777	120 902	85 789	44 392	1 629
广 东	22 969	3 833	18 025	589	335 501	285 703	215 366	36 425
广 西	2 791		2 251		168 561	155 935	135 945	13 353
海 南	1 983	47	12 621		101 761	89 322	79 508	1 952

各地区海水养殖产量（按品种分）（三）

单位：吨

地　区	2. 甲壳类（续）					3. 贝类
	(1) 虾（续）		(2) 蟹			
	其中（续）			其中		
	中国对虾	日本对虾		梭子蟹	青蟹	
全国总计	**44 388**	**50 407**	**220 460**	**95 788**	**115 881**	**10 530 465**
天　津	6		3	3		
河　北	4 084	4 170	2 441	2 241	100	264 007
辽　宁	11 857	2 302	831	770		1 663 522
上　海						
江　苏	5 710	1 517	22 376	21 075	703	591 293
浙　江	2 959	3 057	45 122	22 489	22 403	611 602
福　建	3 384	7 048	39 711	13 372	24 322	2 125 848
山　东	10 842	27 268	35 113	33 967	140	2 964 656
广　东	5 546	4 867	49 798	1 801	43 219	1 665 006
广　西		178	12 626		12 626	625 093
海　南			12 439	70	12 368	19 438

各地区海水养殖产量（按品种分）（四）

单位：吨

地　区	3. 贝类（续）								
	其中（续）								
	牡蛎	鲍	螺	蚶	贻贝	江珧	扇贝	蛤	蛏
全国总计	**3 503 782**	**42 373**	**203 795**	**276 742**	**637 373**	**15 369**	**1 276 770**	**3 192 461**	**683 806**
天　津									
河　北			20	8 390	250		174 114	80 983	65
辽　宁	130 715	879		29 751	35 135		312 599	771 596	22 441
上　海									
江　苏	10 988		55 437	15 361	54 329			365 989	87 835
浙　江	105 235	366	12 356	109 032	71 928		1 964	52 536	215 439
福　建	1 449 537	29 113	3 017	40 676	63 632		10 234	278 985	180 136
山　东	581 452	6 548	9 105	19 484	315 922		702 345	1 165 240	149 925
广　东	864 274	4 909	92 618	48 143	87 572	15 369	74 730	270 497	26 957
广　西	360 255		29 413	5 265	8 605		741	197 763	1 008
海　南	1 326	558	1 829	640			43	8 872	

各地区海水养殖产量（按品种分）（五）

单位：吨

地 区	4. 藻类	其 中					
		海带	裙带菜	紫菜	江蓠	麒麟菜	石花菜
全国总计	**1 456 469**	**827 965**	**132 417**	**107 475**	**125 352**	**6 590**	**120**
天 津							
河 北							
辽 宁	248 235	138 812	103 062				
上 海							
江 苏	32 623	5 980	89	26 524	16		
浙 江	40 273	12 246		20 871	89		
福 建	554 313	431 631	662	49 447	67 066		
山 东	505 713	236 335	28 195	2 365	2 320		120
广 东	58 539	2 961	409	8 268	45 342	370	
广 西							
海 南	16 773				10 519	6 220	

各地区海水养殖产量（按品种分）（六）

单位：吨

地 区	4. 藻类（续）		5. 其他	其 中			
	其中（续）						
	羊栖菜	苔菜		海参	海胆（千克）	海水珍珠（千克）	海蜇
全国总计	**7 949**	**1 060**	**280 409**	**102 159**	**6 086 131**	**22 713**	**62 969**
天 津							
河 北			3 833	1 508			
辽 宁			165 575	36 134	2 891 000		50 752
上 海							
江 苏	14		1 444	134			1 310
浙 江	6 065	740	821	68			4
福 建	1 870		2 759	1 338			412
山 东		320	95 445	62 792	3 112 003		8 290
广 东			7 473	185	83 128	13 791	1 561
广 西			2 749			7 222	640
海 南			310			1 700	

各地区海水养殖产量（按水域和养殖方式分）（一）

单位：吨

地 区	海水养殖产量	按水域分			养殖方式中
		1. 海上	2. 滩涂	3. 其他	1. 池塘
全国总计	**14 052 220**	**7 398 170**	**5 117 752**	**1 536 298**	**1 852 906**
天 津	14 067			14 067	12 225
河 北	300 567	193 664	82 606	24 297	32 360
辽 宁	2 143 168	1 357 478	635 733	149 957	158 275
上 海					
江 苏	734 960	118 761	461 801	154 398	300 576
浙 江	764 565	226 288	325 568	212 709	221 478
福 建	2 930 254	1 795 806	941 586	192 862	175 456
山 东	3 814 304	2 467 737	1 184 403	162 164	280 967
广 东	2 346 157	978 702	958 704	408 751	389 847
广 西	822 505	223 537	432 485	166 483	174 378
海 南	181 673	36 197	94 866	50 610	107 344

各地区海水养殖产量（按水域和养殖方式分）（二）

单位：吨

地 区	养殖方式中（续）					
	2. 普通网箱	3. 深水网箱	4. 筏式	5. 吊笼	6. 底播	7. 工厂化
全国总计	**324 606**	**59 121**	**3 880 306**	**523 294**	**3 870 594**	**102 804**
天 津						1 842
河 北			156 099	17 265	89 185	5 658
辽 宁	1 583	1 790	611 839	24 841	875 951	22 746
上 海						
江 苏			79 352	90	348 902	6 039
浙 江	25 217	2 764	174 876	807	257 884	59
福 建	123 549	5 542	765 068	26 353	292 907	6 772
山 东	32 543	33 420	1 667 437	349 472	1 324 866	54 596
广 东	121 792	3 807	239 368	103 686	484 940	2 717
广 西	6 182	1 000	186 267	741	187 923	
海 南	13 740	10 798		39	8 036	2 375

各地区淡水养殖产量（按品种分）（一）

单位：吨

地 区	淡水养殖产量	1. 鱼类	其中				
			青鱼	草鱼	鲢鱼	鳙鱼	鲤鱼
全国总计	**22 164 606**	**19 572 703**	**387 623**	**4 081 520**	**3 484 442**	**2 434 555**	**2 462 346**
北 京	50 263	49 810	457	9 012	5 210	2 765	12 626
天 津	285 840	235 451		20 415	41 447	11 877	97 649
河 北	362 483	338 424	391	53 231	64 053	27 322	130 435
山 西	30 251	30 038	19	4 245	6 566	2 883	10 749
内蒙古	76 393	75 061		8 690	13 159	8 958	29 654
辽 宁	674 454	616 141	1 308	55 826	92 179	53 843	236 629
吉 林	145 998	145 599	838	13 395	40 171	27 990	38 352
黑龙江	337 551	333 248		23 369	64 616	27 692	146 873
上 海	147 867	87 392	2 666	22 945	17 172	8 946	1 032
江 苏	2 806 535	2 088 127	64 980	401 581	452 865	204 695	132 709
浙 江	774 716	518 663	29 926	73 060	115 107	72 985	31 527
安 徽	1 524 177	1 241 525	43 576	211 003	256 600	233 927	110 057
福 建	638 967	557 288	9 781	120 592	52 641	53 357	43 879
江 西	1 782 993	1 623 659	35 641	361 520	228 078	258 274	131 608
山 东	1 143 702	1 080 626	13 947	184 985	186 063	120 257	279 017
河 南	507 053	490 181	7 357	73 932	120 286	76 953	141 007
湖 北	3 076 742	2 698 171	81 812	765 346	592 316	345 661	160 774
湖 南	1 770 414	1 709 862	53 311	514 388	392 452	248 923	146 238
广 东	3 027 943	2 698 610	27 159	620 754	211 348	336 237	117 112
广 西	1 019 959	999 256	9 884	215 597	186 503	133 719	123 581
海 南	292 869	283 372	1 089	8 023	7 642	7 162	5 489
重 庆	194 020	193 546	570	39 560	52 215	19 129	22 757
四 川	943 638	931 220	1 148	164 569	214 263	107 217	115 883
贵 州	69 259	69 154	57	10 967	8 791	7 478	28 427
云 南	247 782	246 675	1 554	54 792	24 886	20 152	70 656
西 藏	92	92		20	2		20
陕 西	51 846	51 756	150	12 938	11 651	4 617	16 976
甘 肃	11 926	11 897		2 634	1 401	712	2 502
青 海	1 360	1 334		50	20		120
宁 夏	81 650	81 130	2	18 188	9 798	4 082	40 851
新 疆	85 863	85 395		15 893	14 941	6 742	37 157

各地区淡水养殖产量（按品种分）（二）

单位：吨

地　区	1. 鱼类（续）						
	其中（续）						
	鲫鱼	鳊鲂	泥鳅	鲶鱼	鮰鱼	黄颡鱼	鲑鱼
全国总计	**2 055 478**	**625 789**	**176 405**	**325 268**	**223 233**	**163 556**	**1 448**
北　京	6 858	3 814		836	333	128	
天　津	53 792	2 165	116	5 323		10	
河　北	32 042	557	86	396	114	8	51
山　西	1 389	986	4	440		5	
内蒙古	9 326	644	674	1 571	3	275	
辽　宁	94 248	8 657	14 920	30 809	259	13 486	140
吉　林	13 835	1 540	1 027	2 351	26	632	43
黑龙江	49 221	579	1 129	2 624	91	2 180	
上　海	24 193	3 975	37	76	482	26	
江　苏	456 654	168 443	40 204	10 834	25 283	14 825	20
浙　江	69 200	24 207	1 141	2 423	2 264	4 258	49
安　徽	145 116	74 620	14 266	10 974	21 111	16 320	
福　建	21 908	3 267	995	5 246	3 523	1 188	
江　西	175 440	55 033	51 212	41 246	27 770	27 848	267
山　东	124 181	7 920	6 801	21 381	1 490	1 247	8
河　南	37 466	11 442	3 090	7 505	3 660	646	2
湖　北	315 893	121 767	10 260	22 826	40 365	42 362	
湖　南	87 119	60 920	7 237	20 530	20 704	12 020	14
广　东	121 416	38 757	4 036	30 578	10 986	10 345	129
广　西	29 971	1 266	2 017	27 837	10 925	1 017	32
海　南	1 534	981	751	1 919		412	
重　庆	42 535	2 258	670	2 640	4 050	1 120	55
四　川	106 725	27 575	14 395	68 924	45 637	12 856	402
贵　州	2 902	432	196	2 273	3 895	241	3
云　南	17 882	157	1 049	1 714	128	75	31
西　藏	6						4
陕　西	2 289	386	27	422	45	14	
甘　肃	658	612	65	70	6		193
青　海	109						
宁　夏	5 673	1 371		932	20		
新　疆	5 897	1 458		568	63	12	5

各地区淡水养殖产量（按品种分）（三）

单位：吨

地 区	1. 鱼类（续）						
	其中（续）						
	鳟鱼	河鲀	短盖巨脂鲤	长吻鮠	黄鳝	鳜鱼	池沼公鱼
全国总计	**16 357**	**2 210**	**85 706**	**17 900**	**237 034**	**235 514**	**14 814**
北 京	2 580		30			220	
天 津					35	469	
河 北	1 483		35		17	112	4 311
山 西	758						
内蒙古	38						500
辽 宁	3 231					867	2 681
吉 林	149					19	3 567
黑龙江	108					110	21
上 海					40	212	
江 苏	96	1 232	4 917	192	8 026	24 856	1
浙 江	154	24	391	46	660	8 880	5
安 徽	21	4	2 614	108	29 593	30 391	138
福 建	9	195	3 195	136	641	1 647	3
江 西	7		21 659	387	56 544	34 034	
山 东	2 114		1 419		678	1 640	23
河 南	164		512	7	1 736	396	1
湖 北			55	778	99 620	18 743	2 042
湖 南	429		6	657	24 556	11 889	
广 东	81	536	22 914	7 766	2 049	96 497	1
广 西	114		26 078	745	1 348	183	
海 南			1 233		369		
重 庆	26		484	628	598	198	
四 川	1 139			5 791	9 866	4 011	
贵 州	66			606	139	38	
云 南	1 581		121	23	477	47	69
西 藏	14						
陕 西	125	219	43	30	42	38	
甘 肃	1 456					1	
青 海	35						1 000
宁 夏	20						
新 疆	359					16	451

各地区淡水养殖产量（按品种分）（四）

单位：吨

地区	1. 鱼类（续）						2. 甲壳类
	其中（续）						
	银鱼	鲈鱼	乌鳢	罗非鱼	鲟鱼	鳗鲡	
全国总计	**17 523**	**174 471**	**358 502**	**1 257 978**	**28 723**	**214 698**	**1 960 507**
北京		18	66	1 850	2 821		176
天津			50	564			49 771
河北	744	33	24	18 136	2 593		20 202
山西	26	22		1 216	730		84
内蒙古	170		1 267	65			484
辽宁	1 036	179	2 608	1 767	455		48 786
吉林	1 003	255	374	26			399
黑龙江	486	5	73	235			4 278
上海		372		56	55	208	59 276
江苏	51	19 645	33 238	6 586	674	10 071	648 987
浙江	197	14 241	38 646	1 917	1 526	3 528	120 661
安徽	1 438	2 547	20 650	4 848	110	1 354	209 562
福建	145	6 435	677	107 993	976	93 086	35 934
江西	1 389	15 142	48 935	7 697	955	18 281	77 061
山东	3 193	386	88 602	14 185	5 139		57 343
河南	1 001	283	1 153	882	458		11 187
湖北	1 446	2 042	25 903	8 406	3 230		336 907
湖南	1 220	987	28 381	1 742	717		13 977
广东	1 053	101 465	58 529	583 996	1 866	87 834	254 875
广西	728	565	2 355	192 884	133	46	5 458
海南			119	246 283	19	234	1 238
重庆		333	267	3 052	351	50	198
四川	1 319	8 308	6 392	3 690	5 060		2 025
贵州	262	880	6	990	368	5	69
云南	517	43	61	47 414	385	1	552
西藏				19			
陕西	78	76	96	388	34		62
甘肃	18	5	1	40	41		25
青海							26
宁夏			5	82	2		520
新疆	3	204	24	969	25		384

各地区淡水养殖产量（按品种分）（五）

单位：吨

地 区	2. 甲壳类（续）						3. 贝类	其中
	(1) 虾	其中				(2) 蟹（河蟹）		河蚌
		罗氏沼虾	青虾	克氏原螯虾	南美白对虾			
全国总计	**1 386 272**	**144 467**	**209 401**	**479 374**	**537 299**	**574 235**	**235 241**	**88 984**
北 京	150				150	26		
天 津	48 486		304		48 182	1 285		
河 北	14 132		786		13 325	6 070		
山 西	77	6			71	7		
内蒙古	144		104		40	340		
辽 宁	3 933				3 799	44 853	13	5
吉 林	90	12	68		10	309		
黑龙江	833				60	3 445		
上 海	44 618	7 614	805	18	36 181	14 658	210	210
江 苏	361 693	80 621	104 083	86 595	88 694	287 294	37 489	12 188
浙 江	111 055	12 203	20 313	5 017	71 093	9 606	9 432	3 552
安 徽	126 057	1 952	39 329	83 921	612	83 505	46 539	28 167
福 建	34 564	1 102	875	142	31 524	1 370	30 444	5 572
江 西	64 344	441	19 980	43 498	425	12 717	42 620	12 525
山 东	36 762	3 093	1 964	5 914	24 162	20 581	2 399	958
河 南	9 257	564	1 835	6 410	448	1 930	795	61
湖 北	261 286	1 409	12 427	244 579	2 871	75 621	18 062	15 027
湖 南	8 573	498	2 988	1 503	189	5 404	24 410	9 125
广 东	251 570	33 762	2 223	5	212 712	3 305	14 532	732
广 西	4 928	966	811	204	2 191	530	3 695	289
海 南	1 017				274	221	121	
重 庆	168	1		9	152	30	110	5
四 川	1 838	106	147	1 487	13	187	4 262	555
贵 州	51	3	47	1		18	30	13
云 南	470	111	274	71	14	82		
西 藏								
陕 西	59	3	31		3	3		
甘 肃	6					19		
青 海						26		
宁 夏						520		
新 疆	111		7		104	273	78	

各地区淡水养殖产量（按品种分）（六）

单位：吨

地 区	3. 贝类（续）		4. 藻类（螺旋藻）	5. 其他类	其 中				6. 观赏鱼（万尾）
	其中（续）								
	螺	蚬			龟	鳖	蛙	珍珠（千克）	
全国总计	**99 080**	**20 125**	**7 089**	**389 066**	**22 449**	**230 219**	**91 907**	**3 375 429**	**221 902**
北 京				277	1	138			29 539
天 津				618	372	35			50 177
河 北				3 857	2	3 726			31 500
山 西				129	113	16			2 552
内蒙古			848						37
辽 宁				9 514	3		9 508		25
吉 林									5
黑龙江				25			25		
上 海				989	73	675			6 128
江 苏	19 224	4 717	867	31 065	1 402	21 310	2 272	714 651	45 569
浙 江	5 090	380	20	125 940	9 657	101 867	10 188	1 432	11 233
安 徽	17 275	988		26 551	2 056	9 559	6 069	433 041	1 458
福 建	4 072	8 309	375	14 926	335	5 966	6 484	25 000	2 459
江 西	25 579	4 483	2 504	37 149	3 107	14 987	18 108	947 000	4
山 东	958	120		3 334	16	3 176	12		6 131
河 南	725	9	1 371	3 519	52	3 247	220		5 774
湖 北	2 786	249		23 602	1 524	20 475	1 340	262 688	492
湖 南	14 806	244		22 165	1 203	7 018	8 910	991 617	322
广 东	3 070	456		59 926	1 507	26 766	17 032		14 589
广 西	2 192	170	80	11 470	831	9 305	578		17
海 南	121		548	7 590	100	1 032	6 458		
重 庆	105			166	1	50	115		4 038
四 川	2 982			6 131	93	793	4 548		6 060
贵 州	17			6		4	2		
云 南			476	79	1	38	36		3 309
西 藏									
陕 西				28		28			9
甘 肃				4		2	2		
青 海									
宁 夏									360
新 疆	78			6		6			114

各地区淡水养殖产量（按水域和养殖方式分）（一）

单位：吨

地 区	淡水养殖产量	按水域分			
		1. 池塘	2. 湖泊	3. 水库	4. 河沟
全国总计	**22 164 606**	**15 488 542**	**1 527 254**	**2 684 093**	**697 123**
北 京	50 263	45 277	31	80	
天 津	285 840	268 604	9 293	1 400	1 389
河 北	362 483	245 135	13 374	93 425	3 824
山 西	30 251	18 289	849	10 846	196
内蒙古	76 393	45 277	13 609	15 400	1 705
辽 宁	674 454	516 013		81 603	4 299
吉 林	145 998	64 782	21 398	55 435	
黑龙江	337 551	261 338	26 590	24 288	10 687
上 海	147 867	114 411	263		4 468
江 苏	2 806 535	1 960 751	256 561	53 596	227 454
浙 江	774 716	347 717	7 873	73 057	73 048
安 徽	1 524 177	867 878	328 758	134 624	85 502
福 建	638 967	414 435	4 288	142 230	33 120
江 西	1 782 993	956 795	259 492	421 832	55 548
山 东	1 143 702	782 845	91 279	223 702	12 546
河 南	507 053	408 393	6 573	77 232	9 762
湖 北	3 076 742	2 329 180	331 921	197 333	20 967
湖 南	1 770 414	1 310 269	105 096	173 588	26 183
广 东	3 027 943	2 775 507	7 620	178 531	14 427
广 西	1 019 959	593 434		329 278	28 732
海 南	292 869	210 035	4 880	71 184	52
重 庆	194 020	141 649	3 300	26 694	7 933
四 川	943 638	473 323	789	200 122	67 982
贵 州	69 259	11 783	95	29 743	638
云 南	247 782	158 881	5 139	40 923	1 555
西 藏	92	92			
陕 西	51 846	37 184	1 042	12 953	65
甘 肃	11 926	8 708	70	2 154	40
青 海	1 360	140	220	1 000	
宁 夏	81 650	53 904	26 618	808	300
新 疆	85 863	66 513	233	11 032	4 701

各地区淡水养殖产量（按水域和养殖方式分）（二）

单位：吨

地　区	按水域分（续）		养殖方式中		
	5. 其他	6. 稻田	围栏	网箱	工厂化
全国总计	**604 927**	**1 162 667**	**530 666**	**1 069 605**	**158 946**
北　京	4 875				
天　津	5 089	65			5 000
河　北	3 365	3 360	2 420	66 142	928
山　西	71		70	774	119
内蒙古		402	629	819	878
辽　宁	21 275	51 264	2 453	33 392	872
吉　林	4 112	271	1 003	3 717	150
黑龙江	9 373	5 275		320	
上　海	26 835	1 890			56
江　苏	135 163	173 010	68 920	71 730	13 214
浙　江	57 200	215 821	24 312	10 796	74 363
安　徽	34 169	73 246	213 512	81 493	3 137
福　建	28 493	16 401	1 068	34 952	29 954
江　西	27 299	62 027	50 311	67 194	10 128
山　东	33 006	324	43 306	149 134	12 957
河　南	3 905	1 188	2 494	51 443	2 451
湖　北	13 934	183 407	81 533	154 300	958
湖　南	61 383	93 895	22 782	103 330	485
广　东	48 367	3 491	2 331	9 145	56
广　西	52 404	16 111	9 984	113 373	
海　南	6 718		2 133	2 101	567
重　庆	4 571	9 873	260	7 812	55
四　川	7 580	193 842		77 512	
贵　州	7 961	19 039	120	19 641	184
云　南	2 982	38 302	856	9 376	1 361
西　藏					
陕　西	460	142	159	1 003	131
甘　肃	953	1		41	
青　海					
宁　夏		20	10		85
新　疆	3 384			65	857

2－3 国内捕捞

全国海洋捕捞产量

单位：吨

指 标	2009 年	2008 年	2009 年比 2008 年增减（±）	
			绝对量	幅度（%）
海洋捕捞产量	**11 786 109**	**11 496 270**	**289 839**	**2.52**
1. 鱼类	8 040 286	7 895 926	144 360	1.83
2. 甲壳类	2 018 924	1 945 772	73 152	3.76
虾	1 475 426	1 396 991	78 435	5.61
其中：毛虾	588 698	543 190	45 508	8.38
对虾	107 618	89 678	17 940	20.00
鹰爪虾	282 554	312 272	−29 718	−9.52
虾蛄	303 002	279 873	23 129	8.26
蟹	543 498	548 781	−5 283	−0.96
其中：梭子蟹	332 825	350 199	−17 374	−4.96
青蟹	60 704	64 059	−3 355	−5.24
蟳	39 779	64 927	−25 148	−38.73
3. 贝类	669 742	643 759	25 983	4.04
4. 藻类	27 598	36 593	−8 995	−24.58
5. 头足类	643 255	637 910	5 345	0.84
其中：乌贼	119 681	116 587	3 094	2.65
鱿鱼	351 778	350 935	843	0.24
章鱼	118 345	120 602	−2 257	−1.87
6. 其他类	386 304	336 310	49 994	14.87
其中：海蜇	223 151	236 626	−13 475	−5.69

全国海洋捕捞主要鱼类产量

单位：吨

指　标	2009年	2008年	2009年比2008年增减（±）	
			绝对量	幅度（%）
海鳗	340 564	320 968	19 596	6.11
鳓鱼	98 656	94 183	4 473	4.75
鳀鱼	521 897	658 721	−136 824	−20.77
沙丁鱼	134 377	157 074	−22 697	−14.45
鲱鱼	21 668	26 207	−4 539	−17.32
石斑鱼	86 021	80 007	6 014	7.52
鲷	153 316	131 330	21 986	16.74
蓝圆鲹	539 943	595 280	−55 337	−9.30
白姑鱼	126 470	125 645	825	0.66
黄姑鱼	94 409	81 322	13 087	16.09
鮸鱼	35 726	34 659	1 067	3.08
大黄鱼	62 807	55 922	6 885	12.31
小黄鱼	372 895	354 665	18 230	5.14
梅童鱼	219 652	221 435	−1 783	−0.81
方头鱼	40 437	40 795	−358	−0.88
玉筋鱼	146 525	128 684	17 841	13.86
带鱼	1 172 440	1 192 721	−20 281	−1.70
金线鱼	306 456	311 559	−5 103	−1.64
梭鱼	127 493	127 133	360	0.28
鲐鱼	397 010	592 637	−195 627	−33.01
鲅鱼	429 057	434 179	−5 122	−1.18
金枪鱼	31 369	37 745	−6 376	−16.89
鲳鱼	373 145	372 042	1 103	0.30
马面鲀	209 716	184 114	25 602	13.91
竹荚鱼	25 311	59 028	−33 717	−57.12
鲻鱼	90 160	74 758	15 402	20.60

全国海洋捕捞产量（按海区、渔具分）

单位：吨

指标		2009 年	2008 年	2009 年比 2008 年增减（±）	
				绝对量	幅度（%）
合计		**11 786 109**	**11 496 270**	**289 839**	**2.52**
按捕捞海域分	渤海	1 059 564	1 022 043	37 521	3.67
	黄海	3 036 648	2 914 073	122 575	4.21
	东海	4 427 579	4 309 490	118 089	2.74
	南海	3 262 318	3 250 664	11 654	0.36
按捕捞渔具分	拖网	5 668 660	5 554 832	113 828	2.05
	围网	755 777	766 054	−10 277	−1.34
	刺网	2 581 583	2 396 017	185 566	7.74
	张网	1 698 996	1 640 169	58 827	3.59
	钓具	310 857	348 740	−37 883	−10.86
	其他渔具	770 236	790 458	−20 222	−2.56

全国淡水捕捞产量

单位：吨

指标	2009 年	2008 年	2009 年比 2008 年增减（±）	
			绝对量	幅度（%）
淡水捕捞产量	**2 183 878**	**2 248 194**	**−64 316**	**−2.86**
1. 鱼类	1 526 285	1 615 339	−89 054	−5.51
2. 甲壳类	327 813	329 148	−1 335	−0.41
虾	275 318	282 825	−7 507	−2.65
蟹	52 495	46 323	6 172	13.32
3. 贝类	284 331	268 267	16 064	5.99
4. 藻类	19	17	2	11.76
5. 其他类	45 430	35 423	10 007	28.25
其中：丰年虫	647	639	8	1.25

各地区海洋捕捞产量（按品种分）（一）

单位：吨

地 区	海洋捕捞产量	1. 鱼类	其中				
			海鳗	鳓鱼	鳀鱼	沙丁鱼	鲱鱼
全国总计	**11 786 109**	**8 040 286**	**340 564**	**98 656**	**521 897**	**134 377**	**21 668**
天 津	16 459	8 572			891		
河 北	253 317	136 802			31 860		
辽 宁	995 312	554 477	435	188	71 827	1 751	63
上 海	21 865	11 547	485	110			
江 苏	562 663	347 348	9 412	12 026	1 713	3 493	10
浙 江	2 666 376	1 843 858	83 998	11 252	5 604	20 907	4 846
福 建	1 859 258	1 412 312	62 430	15 215	63 820	11 651	3 687
山 东	2 370 891	1 514 489	18 449	989	299 031	11 885	576
广 东	1 415 867	987 209	71 892	28 120	35 059	61 436	4 377
广 西	662 979	399 580	14 150	23 536		13 968	1 586
海 南	961 122	824 092	79 313	7 220	12 092	9 286	6 523

各地区海洋捕捞产量（按品种分）（二）

单位：吨

地 区	1. 鱼类（续）							
	其中（续）							
	石斑鱼	鲷	蓝圆鲹	白姑鱼	黄姑鱼	鮸鱼	大黄鱼	小黄鱼
全国总计	**86 021**	**153 316**	**539 943**	**126 470**	**94 409**	**35 726**	**62 807**	**372 895**
天 津	212							1 556
河 北	45				385		3 121	7 637
辽 宁	4 775	62		2 829	3 603	2 137	15 369	105 753
上 海					50	20		209
江 苏	19	99		4 447	5 773	1 232	1 042	31 552
浙 江	1 304	4 115	100 097	59 000	41 867	19 066	447	89 623
福 建	15 084	57 280	220 778	7 500	6 394	7 607	3 556	8 069
山 东	47	70		17 128	15 435	726	6 980	87 802
广 东	25 201	37 402	110 711	24 965	4 687	3 760	22 288	25 174
广 西	6 006	25 612	69 025	1 771	205	802		
海 南	33 328	28 676	39 332	8 830	16 010	376	10 004	15 520

各地区海洋捕捞产量（按品种分）（三）

单位：吨

地 区	1. 鱼类（续）							
	其中（续）							
	梅童鱼	方头鱼	玉筋鱼	带鱼	金线鱼	梭鱼	鲐鱼	鲅鱼
全国总计	**219 652**	**40 437**	**146 525**	**1 172 440**	**306 456**	**127 493**	**397 010**	**429 057**
天 津	40			24		340	1 594	403
河 北	403		73	5 735		13 251		8 257
辽 宁	2 957	370	10 679	23 262	236	16 285	40 998	62 342
上 海	421			395			37	
江 苏	63 616	95		73 643		6 722	25 851	7 311
浙 江	125 675	9 456	22 134	495 895	2 802	9 006	160 212	70 422
福 建	19 754	5 712	17 759	168 188	9 760	14 698	72 237	42 174
山 东	2 778		94 289	103 694		28 380	44 761	177 831
广 东	2 644	12 786	474	133 100	84 395	19 347	28 262	25 675
广 西	32	90	180	34 172	35 761	10 529	13 620	2 381
海 南	1 332	11 928	937	134 332	173 502	8 935	9 438	32 261

各地区海洋捕捞产量（按品种分）（四）

单位：吨

地 区	1. 鱼类（续）					2. 甲壳类	(1) 虾	其中
	其中（续）							
	金枪鱼	鲳鱼	马面鲀	竹荚鱼	鲻鱼			毛虾
全国总计	**31 369**	**373 145**	**209 716**	**25 311**	**90 160**	**2 018 924**	**1 475 426**	**588 698**
天 津		17				2 766	1 903	86
河 北		970			1 314	54 908	43 859	11 959
辽 宁		5 484	210	286	4 563	194 008	155 051	49 395
上 海	18	393		18		9 908	3 957	
江 苏		35 070	3 916	7	10 968	114 120	52 667	26 346
浙 江	6 029	126 895	31 186	37	10 677	672 831	557 442	235 768
福 建	2 585	53 917	65 473	8 871	15 913	276 208	155 621	56 739
山 东	746	51 516	3 417	710	1 629	315 117	271 825	122 842
广 东	7 456	50 964	59 168	2 745	25 353	227 206	152 894	53 824
广 西		11 622	30 593	457	8 054	113 549	65 131	27 052
海 南	14 535	36 297	15 753	12 180	11 689	38 303	15 076	4 687

各地区海洋捕捞产量（按品种分）（五）

单位：吨

地　区	2. 甲壳类（续）						
	(1) 虾（续）			(2) 蟹			
	其中（续）				其中		
	对虾	鹰爪虾	虾蛄		梭子蟹	青蟹	蟳
全国总计	**107 618**	**282 554**	**303 002**	**543 498**	**332 825**	**60 704**	**39 779**
天　津	63		1 489	863	341	160	362
河　北	2 137	2 329	26 489	11 049	9 432	52	463
辽　宁	1 805	12 483	70 251	38 957	14 612	1 562	
上　海	82	1 183		5 951	2 810		
江　苏	2 825	8 178	8 336	61 453	49 203	1 324	5 871
浙　江	14 788	147 196	67 900	115 389	71 213	2 745	19 019
福　建	16 695	38 987	25 952	120 587	74 318	11 744	4 433
山　东	5 247	42 497	71 664	43 292	28 697	557	5 439
广　东	43 955	17 356	22 088	74 312	44 970	19 918	1 639
广　西	16 822	8 276	7 309	48 418	28 257	9 906	2 045
海　南	3 199	4 069	1 524	23 227	8 972	12 736	508

各地区海洋捕捞产量（按品种分）（六）

单位：吨

地　区	3. 贝类	4. 藻类	5. 头足类	其中			6. 其他类	其中
				乌贼	鱿鱼	章鱼		海蜇
全国总计	**669 742**	**27 598**	**643 255**	**119 681**	**351 778**	**118 345**	**386 304**	**223 151**
天　津	3 892		1 229					
河　北	18 866		12 805	3 408	725	7 486	29 936	21 995
辽　宁	119 881	148	49 978	2 074	28 449	7 117	76 820	50 534
上　海			247	56	111	80	163	131
江　苏	43 750	854	20 126	2 678	11 587	5 713	36 465	22 346
浙　江	13 254	1 896	114 378	22 413	64 774	24 479	20 159	2 979
福　建	50 927	1 122	97 569	28 460	53 301	11 449	21 120	13 000
山　东	260 478	1 777	157 260	8 474	95 422	33 569	121 770	61 424
广　东	70 222	10 222	76 630	20 378	33 409	17 697	44 378	21 725
广　西	63 451		52 296	19 787	22 375	5 923	34 103	28 185
海　南	25 021	11 579	60 737	11 953	41 625	4 832	1 390	832

各地区海洋捕捞产量（按海域分）

单位：吨

地 区	海洋捕捞产量	按捕捞海域分			
		1. 渤海	2. 黄海	3. 东海	4. 南海
全国总计	**11 786 109**	**1 059 564**	**3 036 648**	**4 427 579**	**3 262 318**
天 津	16 459	10 293	6 166		
河 北	253 317	214 501	38 816		
辽 宁	995 312	392 470	563 526	39 316	
上 海	21 865			21 865	
江 苏	562 663	275	494 182	68 206	
浙 江	2 666 376		193 690	2 454 986	17 700
福 建	1 859 258			1 673 948	185 310
山 东	2 370 891	442 025	1 740 268	169 258	19 340
广 东	1 415 867				1 415 867
广 西	662 979				662 979
海 南	961 122				961 122

各地区海洋捕捞产量（按渔具分）

单位：吨

地 区	海洋捕捞产量	按捕捞渔具分					
		1. 拖网	2. 围网	3. 刺网	4. 张网	5. 钓具	6. 其他
全国总计	**11 786 109**	**5 668 660**	**755 777**	**2 581 583**	**1 698 996**	**310 857**	**770 236**
天 津	16 459	1 730		10 574	196		3 959
河 北	253 317	45 951		139 673	64 218	369	3 106
辽 宁	995 312	380 812	10 858	431 878	91 088	10 301	70 375
上 海	21 865	17 935		370	3 549		11
江 苏	562 663	76 740	15 360	148 918	267 906	573	53 166
浙 江	2 666 376	1 652 196	149 876	205 441	553 794	4 918	100 151
福 建	1 859 258	727 878	190 608	244 582	439 221	39 403	217 566
山 东	2 370 891	1 372 487	37 858	513 605	225 972	81 031	139 938
广 东	1 415 867	740 594	128 496	383 461	21 502	88 707	53 107
广 西	662 979	468 615	38 499	84 218	204	6 806	64 637
海 南	961 122	183 722	184 222	418 863	31 346	78 749	64 220

各地区淡水捕捞产量（按品种分）

单位：吨

地区	淡水捕捞产量	1. 鱼类	2. 甲壳类	其中		3. 贝类	4. 藻类	5. 其他	其中：丰年虫
				虾	蟹				
全国总计	**2 183 878**	**1 526 285**	**327 813**	**275 318**	**52 495**	**284 331**	**19**	**45 430**	**647**
北京	3 985	3 920	65	38	27				
天津	8 749	5 127	1 261	1 243	18	1 017		1 344	
河北	87 733	77 559	6 263	5 479	784	3 120		791	
山西	749	743	6	5	1				
内蒙古	29 586	28 554	913	913				119	119
辽宁	56 308	43 954	9 707	6 481	3 226	982		1 665	
吉林	19 186	18 750	254	222	32	180		2	
黑龙江	43 149	42 106	665	665		377		1	
上海	4 768	4 565	138	124	14			65	
江苏	320 732	186 370	61 967	46 197	15 770	59 073		13 322	174
浙江	90 343	45 504	7 121	6 064	1 057	36 190		1 528	
安徽	307 285	197 541	64 154	55 699	8 455	35 617		9 973	
福建	78 121	51 076	6 675	5 075	1 600	19 306	3	1 061	
江西	227 510	145 381	45 249	42 935	2 314	33 283	9	3 588	
山东	128 342	108 091	13 422	7 723	5 699	6 208	3	618	
河南	30 597	23 061	6 702	6 097	605	756		78	
湖北	262 154	180 603	63 317	55 835	7 482	13 918		4 316	
湖南	110 186	89 502	12 856	11 561	1 295	6 126		1 702	
广东	126 510	63 908	8 658	6 605	2 053	51 548	1	2 395	
广西	112 645	90 985	7 341	6 324	1 017	12 947		1 372	
海南	19 235	16 568	695	488	207	1 748		224	
重庆	9 880	8 768	590	495	95	342		180	
四川	57 679	52 210	4 144	3 583	561	784		541	
贵州	11 041	9 274	1 415	1 319	96	324		28	
云南	23 435	18 986	4 009	3 971	38	308	3	129	
西藏	408	338						70	70
陕西	4 154	4 068	52	50	2			34	
甘肃									
青海	40							40	40
宁夏	194	194							
新疆	9 174	8 579	174	127	47	177		244	244

2-4 远洋渔业

各地区远洋渔业

单位：吨、万元

地区	远洋捕捞产量	运回国内量	境外出售量	远洋渔业总产值	2009年比2008年增减（±）			
					远洋捕捞产量	运回国内量	境外出售量	远洋渔业总产值
全国总计	**977 226**	**479 413**	**497 813**	**917 114.00**	**−106 083**	**−146 656**	**40 573**	**−94 492**
北 京	3 913	3 415	498	5 200.00	−3 237	−2 584	−653	−1 000
天 津	8 929	3 516	5 413	12 329.00	3 212	−826	4 038	−372
河 北								
辽 宁	136 808	54 806	82 002	134 254.00	24 672	−5 767	30 439	10 516
上 海	134 486	27 835	106 651	107 834.00	−22 663	−8 130	−14 533	−40 987
江 苏	7 346	4 545	2 801	9 866.00	−4 435	−2 156	−2 279	1 040
浙 江	107 134	82 888	24 246	112 073.00	−94 866	−92 595	−2 271	−51 569
福 建	168 606	134 346	34 260	134 145.00	19 606	14 875	4 731	21 142
山 东	78 700	26 778	51 922	84 002.00	−19 300	−16 020	−3 280	−10 784
广 东	109 474	66 524	42 950	84 980.00	25 804	23 845	1 959	16 145
广 西	4 705		4 705	3 646.00	−4 001		−4 001	2 439
海 南								
中农发集团	217 125	74 760	142 365	228 785.00	−30 875	−57 298	26 423	−41 062

各地区远洋渔业主要品种产量

单位：吨

地区	远洋捕捞产量	其中	
		金枪鱼	鱿鱼
全国总计	**977 226**	**164 710**	**171 792**
北 京	3 913		
天 津	8 929	3 611	1 617
河 北			
辽 宁	136 808	9 390	9 406
上 海	134 486	40 798	12 615
江 苏	7 346		
浙 江	107 134	24 956	68 935
福 建	168 606	12 653	
山 东	78 700	31 460	20 754
广 东	109 474	10 204	
广 西	4 705	184	
海 南			
中农发集团	217 125	31 454	58 465

第三部分　生产要素

3-1　水产养殖面积

全国水产养殖面积（按水域和养殖方式分）

单位：公顷

指标		2009 年	2008 年	2009 年比 2008 年增减（±）	
				绝对量	幅度（%）
总计		**7 283 138**	**6 549 932**	**733 206**	**11.19**
1. 海水养殖		1 859 313	1 578 909	280 404	17.76
按水域分	海上	925 336	694 668	230 668	33.21
	滩涂	648 415	641 429	6 986	1.09
	其他	285 562	242 812	42 750	17.61
养殖方式中	池塘	416 383	350 829	65 554	18.69
	普通网箱（m^2）	15 328 794	18 989 719	−3 660 925	−19.28
	深水网箱（m^3）	4 508 916	2 942 056	1 566 860	53.26
	筏式	285 284	1 042 119	−756 835	−72.62
	吊笼	49 574	45 307	4 267	9.42
	底播	772 258	573 812	198 446	34.58
	工厂化（m^3）	12 356 762	9 744 375	2 612 387	26.81
2. 淡水养殖		5 423 825	4 971 023	452 802	9.11
按水域分	池塘	2 331 900	2 144 715	187 185	8.73
	湖泊	998 232	961 335	36 897	3.84
	水库	1 726 407	1 549 612	176 795	11.41
	河沟	249 674	202 183	47 491	23.49
	其他	117 612	113 178	4 434	3.92
	稻田养成鱼	1 339 714	1 477 501	−137 787	−9.33
养殖方式中	围栏（m^2）	2 584 140 703	2 687 007 861	−102 867 158	−3.83
	网箱（m^2）	131 415 103	222 431 829	−91 016 726	−40.92
	工厂化（m^3）	20 614 950	19 302 030	1 312 920	6.80

全国海水养殖面积（按品种分）

单位：公顷

指　　标	2009 年	2008 年	2009 年比 2008 年增减（±）	
			绝对量	幅度（%）
海水养殖	**1 859 313**	**1 578 909**	**280 404**	**17.76**
1. 鱼类	83 213	70 282	12 931	18.40
2. 甲壳类	302 900	293 463	9 437	3.22
虾	235 990	219 458	16 532	7.53
其中：南美白对虾	127 564	126 224	1 340	1.06
斑节对虾	19 440	19 330	110	0.57
中国对虾	26 296	25 528	768	3.01
日本对虾	36 723	33 347	3 376	10.12
蟹	66 910	74 005	−7 095	−9.59
其中：梭子蟹	31 817	39 325	−7 508	−19.09
青蟹	30 719	32 648	−1 929	−5.91
3. 贝类	1 153 923	966 760	187 163	19.36
牡蛎	112 878	105 207	7 671	7.29
鲍	12 181	6 954	5 227	75.17
螺	39 484	41 641	−2 157	−5.18
蚶	68 799	71 727	−2 928	−4.08
贻贝	38 729	31 537	7 192	22.80
江珧	1 352	1 231	121	9.83
扇贝	274 590	208 153	66 437	31.92
蛤	400 465	392 924	7 541	1.92
蛏	59 417	61 652	−2 235	−3.63
4. 藻类	110 603	87 175	23 428	26.87
海带	37 625	33 522	4 103	12.24
裙带菜	8 198	5 053	3 145	62.24
紫菜	54 700	39 150	15 550	39.72
江蓠	5 144	5 541	−397	−7.16
麒麟菜	521	505	16	3.17
石花菜	7	7		
羊栖菜	959	1 212	−253	−20.87
苔菜	156	160	−4	−2.50
5. 其他	208 674	161 229	47 445	29.43
其中：海参	155 288	112 468	42 820	38.07
海胆	7 026	7 771	−745	−9.59
海水珍珠	5 173	5 427	−254	−4.68
海蜇	13 864	9 650	4 214	43.67

各地区水产养殖面积（一）

单位：公顷

地区	2009年				2008年				2009年比2008年增减（±）			
	总面积	海水养殖面积	淡水养殖面积	池塘	总面积	海水养殖面积	淡水养殖面积	池塘	总面积	海水养殖面积	淡水养殖面积	池塘
全国总计	**7 283 138**	**1 859 313**	**5 423 825**	**2 331 900**	**6 549 932**	**1 578 909**	**4 971 023**	**2 144 715**	**733 206**	**280 404**	**452 802**	**187 185**
北　京	5 077		5 077	4 739	4 785		4 785	4 443	292		292	296
天　津	41 894	4 304	37 590	29 806	40 811	4 369	36 442	29 773	1 083	−65	1 148	33
河　北	192 908	121 013	71 895	27 428	182 119	109 755	72 364	28 539	10 789	11 258	−469	−1 111
山　西	14 361		14 361	1 712	14 266		14 266	1 650	95		95	62
内蒙古	105 944		105 944	15 780	100 188		100 188	14 663	5 756		5 756	1 117
辽　宁	832 605	630 700	201 905	59 580	565 972	411 556	154 416	40 978	266 633	219 144	47 489	18 602
吉　林	230 210		230 210	26 148	226 230		226 230	25 833	3 980		3 980	315
黑龙江	285 980		285 980	73 491	264 134		264 134	63 845	21 846		21 846	9 646
上　海	26 271		26 271	20 881	29 175		29 175	22 956	−2 904		−2 904	−2 075
江　苏	725 375	172 754	552 621	350 226	703 470	160 089	543 381	346 482	21 905	12 665	9 240	3 744
浙　江	313 968	94 514	219 454	71 898	308 155	96 139	212 016	69 116	5 813	−1 625	7 438	2 782
安　徽	509 814		509 814	174 920	475 212		475 212	151 122	34 602		34 602	23 798
福　建	223 967	133 942	90 025	33 363	206 978	120 704	86 274	31 829	16 989	13 238	3 751	1 534
江　西	417 056		417 056	147 199	365 874		365 874	129 116	51 182		51 182	18 083
山　东	686 203	441 403	244 800	115 677	662 301	426 217	236 084	107 013	23 902	15 186	8 716	8 664

各地区水产养殖面积（二）

单位：公顷

地区	2009年				2008年				2009年比2008年增减（±）			
	总面积	海水养殖面积	淡水养殖面积	池塘	总面积	海水养殖面积	淡水养殖面积	池塘	总面积	海水养殖面积	淡水养殖面积	池塘
河　南	204 126		204 126	76 452	146 640		146 640	68 590	57 486		57 486	7 862
湖　北	649 729		649 729	333 214	583 351		583 351	284 043	66 378		66 378	49 171
湖　南	383 000		383 000	181 037	361 692		361 692	169 954	21 308		21 308	11 083
广　东	562 158	194 766	367 392	276 055	544 251	189 717	354 534	264 227	17 907	5 049	12 858	11 828
广　西	217 827	50 670	167 157	75 556	209 394	47 380	162 014	74 627	8 433	3 290	5 143	929
海　南	53 464	15 247	38 217	22 203	42 086	12 983	29 103	15 838	11 378	2 264	9 114	6 365
重　庆	52 859		52 859	28 673	49 386		49 386	26 949	3 473		3 473	1 724
四　川	179 028		179 028	96 598	169 403		169 403	93 590	9 625		9 625	3 008
贵　州	25 517		25 517	2 978	24 856		24 856	2 712	661		661	266
云　南	75 286		75 286	24 204	37 072		37 072	14 487	38 214		38 214	9 717
西　藏	54		54	54	51		51	51	3		3	3
陕　西	115 663		115 663	40 101	113 293		113 293	40 241	2 370		2 370	−140
甘　肃	12 564		12 564	951	12 424		12 424	834	140		140	117
青　海	33 500		33 500	300	4 266		4 266	67	29 234		29 234	233
宁　夏	33 297		33 297	12 102	28 180		28 180	11 100	5 117		5 117	1 002
新　疆	73 433		73 433	8 574	73 917		73 917	10 047	−484		−484	−1 473

各地区海水养殖面积（按品种分）（一）

单位：公顷

地区	海水养殖面积	1. 鱼类	2. 甲壳类	虾	其中			
					南美白对虾	斑节对虾	中国对虾	日本对虾
全国总计	**1 859 313**	**83 213**	**302 900**	**235 990**	**127 564**	**19 440**	**26 296**	**36 723**
天　津	4 304	32	4 272		4 252		16	
河　北	121 013	6 438	21 701	19 632	8 061		5 239	6 332
辽　宁	630 700	7 896	21 856	19 539	1 089		7 302	4 537
上　海								
江　苏	172 754	2 134	21 259	12 551	4 332	343	3 579	1 071
浙　江	94 514	5 436	31 670	15 387	6 103	321	1 453	1 247
福　建	133 942	11 454	21 602	13 691	6 945	1 950	1 616	2 576
山　东	441 403	17 652	79 426	65 645	34 668	3 069	4 709	19 455
广　东	194 766	28 593	71 677	57 856	39 686	11 327	2 382	1 207
广　西	50 670	933	19 737	18 702	15 374	2 140		298
海　南	15 247	2 645	9 700	8 719	7 054	290		

各地区海水养殖面积（按品种分）（二）

单位：公顷

地区	2. 甲壳类（续）			3. 贝类	其中				
	蟹	其中							
		梭子蟹	青蟹		牡蛎	鲍	螺	蚶	贻贝
全国总计	**66 910**	**31 817**	**30 719**	**1 153 923**	**112 878**	**12 181**	**39 484**	**68 799**	**38 729**
天　津	4	4							
河　北	2 069	1 803	133	89 836			100	2 676	381
辽　宁	2 317	1 172		461 326	11 505	6 635		45 412	1 620
上　海									
江　苏	8 708	8 240	248	112 081	556		13 559	2 056	4 152
浙　江	16 283	3 903	11 266	47 071	4 877	59	4 965	9 696	1 873
福　建	7 911	3 411	4 407	69 378	35 324	2 049	233	2 964	1 306
山　东	13 781	13 113	103	260 982	15 078	1 849	12 145	2 608	23 230
广　东	13 821	166	12 907	85 118	29 981	1 529	5 846	2 906	6 007
广　西	1 035		1 035	26 556	15 257		2 525	365	160
海　南	981	5	620	1 575	300	60	111	116	

各地区海水养殖面积（按品种分）（三）

单位：公顷

地 区	3. 贝类（续）				4. 藻类				
	其中（续）					其 中			
	江珧	扇贝	蛤	蛏		海带	裙带菜	紫菜	江蓠
全国总计	**1 352**	**274 590**	**400 465**	**59 417**	**110 603**	**37 625**	**8 198**	**54 700**	**5 144**
天 津									
河 北		52 024	34 474	100					
辽 宁		146 175	122 030	3 545	13 719	6 750	6 929		
上 海									
江 苏			81 665	9 727	34 805	1 904		32 557	15
浙 江		303	6 163	17 073	9 285	836		7 455	13
福 建		370	12 904	12 105	31 195	14 703	134	12 929	2 860
山 东		70 379	117 791	15 073	16 775	13 367	1 125	1 242	13
广 东	1 352	5 216	18 530	1 695	3 652	65	10	517	1 679
广 西		118	6 310	99					
海 南		5	598		1 172				564

各地区海水养殖面积（按品种分）（四）

单位：公顷

地 区	4. 藻类（续）				5. 其他				
	其中（续）					其 中			
	麒麟菜	石花菜	羊栖菜	苔菜		海参	海胆	海水珍珠	海蜇
全国总计	**521**	**7**	**959**	**156**	**208 674**	**155 288**	**7 026**	**5 173**	**13 864**
天 津									
河 北					3 038	2 582			
辽 宁					125 903	109 449	5 944		9 292
上 海									
江 苏			19		2 475	61			2 413
浙 江			771	148	1 052	1			1
福 建			169		313	164			43
山 东		7		8	66 568	43 011	322		1 750
广 东	13				5 726	20	760	2 408	56
广 西					3 444			2 660	309
海 南	508				155			105	

各地区海水养殖面积（按水域和养殖方式分）（一）

单位：公顷

地 区	海水养殖面积	按养殖水域分			养殖方式中	
		1. 海上	2. 滩涂	3. 其他	池塘	普通网箱（m^2）
全国总计	**1 859 313**	**925 336**	**648 415**	**285 562**	**416 383**	**15 328 794**
天 津	4 304			4 304	4 304	
河 北	121 013	72 561	29 345	19 107	26 937	
辽 宁	630 700	412 215	141 255	77 230	78 548	1 562 615
上 海						
江 苏	172 754	31 754	112 499	28 501	31 241	
浙 江	94 514	16 919	44 658	32 937	28 489	1 462 442
福 建	133 942	60 291	52 159	21 492	20 483	7 286 203
山 东	441 403	257 271	159 375	24 757	136 539	1 194 750
广 东	194 766	57 176	78 261	59 329	60 651	2 390 132
广 西	50 670	14 357	21 165	15 148	19 203	114 290
海 南	15 247	2 792	9 698	2 757	9 988	1 318 362

各地区海水养殖面积（按水域和养殖方式分）（二）

单位：公顷

地 区	养殖方式中（续）				
	深水网箱（m^3 水体）	筏式	吊笼	底播	工厂化（m^3 水体）
全国总计	**4 508 916**	**285 284**	**49 574**	**772 258**	**12 356 762**
天 津					279 300
河 北		48 845	2 727	39 152	813 073
辽 宁	480 000	71 548	2 126	401 077	2 311 302
上 海					
江 苏		28 789		80 911	177 427
浙 江	916 268	8 680	112	21 841	15 420
福 建	398 144	23 451	1 456	15 374	3 646 923
山 东	2 345 058	85 517	39 178	166 764	4 406 232
广 东	208 102	12 579	3 600	35 908	339 470
广 西	96 363	5 875	92	10 457	
海 南	64 981		283	774	367 615

各地区淡水养殖面积（按水域和养殖方式分）（一）

单位：公顷

地 区	淡水养殖面积	按 水 域			
		1. 池塘	2. 湖泊	3. 水库	4. 河沟
全国总计	**5 423 825**	**2 331 900**	**998 232**	**1 726 407**	**249 674**
北 京	5 077	4 739	100	160	
天 津	37 590	29 806	2 751	4 212	801
河 北	71 895	27 428	4 219	38 341	1 350
山 西	14 361	1 712	2 168	10 211	89
内蒙古	105 944	15 780	40 972	45 731	3 461
辽 宁	201 905	59 580		111 703	1 837
吉 林	230 210	26 148	67 342	126 683	
黑龙江	285 980	73 491	101 169	88 291	14 826
上 海	26 271	20 881	283		4 210
江 苏	552 621	350 226	98 979	23 385	62 073
浙 江	219 454	71 898	5 995	98 352	38 466
安 徽	509 814	174 920	206 029	77 949	39 764
福 建	90 025	33 363	828	48 223	4 947
江 西	417 056	147 199	107 269	145 368	13 508
山 东	244 800	115 677	16 402	103 507	6 051
河 南	204 126	76 452	2 527	118 859	6 256
湖 北	649 729	333 214	196 168	110 772	5 713
湖 南	383 000	181 037	88 660	111 368	743
广 东	367 392	276 055	2 201	76 737	2 427
广 西	167 157	75 556		82 952	6 562
海 南	38 217	22 203	278	15 546	1
重 庆	52 859	28 673	5 200	16 311	2 048
四 川	179 028	96 598	4 078	63 162	15 125
贵 州	25 517	2 978	118	21 081	965
云 南	75 286	24 204	12 395	38 211	456
西 藏	54	54			
陕 西	115 663	40 101	2 842	68 172	3 568
甘 肃	12 564	951	27	5 880	5 611
青 海	33 500	300	4 200	29 000	
宁 夏	33 297	12 102	20 119	1 009	67
新 疆	73 433	8 574	4 913	45 231	8 749

各地区淡水养殖面积（按水域和养殖方式分）（二）

单位：公顷

地　区	按水域（续）		养殖方式中		
	5. 其他	6. 稻田	围栏 (m²)	网箱 (m²)	工厂化 (m³ 水体)
全国总计	**117 612**	**1 339 714**	**2 584 140 703**	**131 415 103**	**20 614 950**
北　京	78				
天　津	20				158 000
河　北	557	5 512	7 404 468	3 164 965	294 209
山　西	181		50 000	17 724	23 506
内蒙古		1 761	11 633 600	13 869	236 868
辽　宁	28 785	102 926	2 645 000	522 786	664 837
吉　林	10 037		189 880	29 050	1 300 000
黑龙江	8 203	21 205		57 554	
上　海	897	1 486			16 000
江　苏	17 958	165 311	131 526 116	10 153 428	3 277 243
浙　江	4 743	86 932	3 648 998	11 998 766	4 367 232
安　徽	11 152	49 798	1 397 896 345	13 417 123	178 693
福　建	2 664	20 779	103 796	1 718 052	6 013 068
江　西	3 712	78 480	191 468 903	5 186 958	2 025 780
山　东	3 163	305	52 067 832	31 685 305	927 640
河　南	32	1 175	79 166 161	1 712 842	140 438
湖　北	3 862	161 565	507 900 000	35 873 000	134 000
湖　南	1 192		116 579 348	6 322 250	1 260
广　东	9 972	6 604	467 934	457 553	2 867
广　西	2 087	43 989	66 341 162	6 478 219	
海　南	189		431 150	27 803	565 000
重　庆	627	42 705	3 196 800	120 970	3 040
四　川	65	314 414		1 314 441	
贵　州	375	116 128	693 753	822 134	8 535
云　南	20	118 252	9 712 650	249 008	139 749
西　藏					
陕　西	980	320	996 807	69 803	46 493
甘　肃	95			200	
青　海					
宁　夏		67	20 000		2 700
新　疆	5 966			1 300	87 792

3－2 水产苗种

全国水产苗种数量

指　　标	计量单位	2009 年	2008 年	2009 年比 2008 年增减（±）	
				绝对量	幅度（%）
淡水鱼苗产量	**亿尾**	**9 816**	**6 873**	**2 943**	**42.81**
其中：罗非鱼	亿尾	308	324	－16	－5.00
淡水鱼种产量	吨	2 973 360	2 723 703	249 657	9.17
投放鱼种产量	吨	3 200 911	3 021 397	179 514	5.94
河蟹育苗量	千克	787 521	732 155	55 366	7.56
扣蟹	千克	42 625 849	35 428 408	7 197 441	20.32
稚鳖数量	万只	51 144	38 608	12 536	32.47
稚龟数量	万只	5 480	3 467	2 013	58.06
鳗苗捕捞量	千克	24 559	31 732	－7 173	－22.60
海水鱼苗产量	**万尾**	**387 441**	**328 804**	**58 637**	**17.83**
其中：大黄鱼	万尾	211 951	128 049	83 902	65.52
鲆鱼	万尾	30 373	26 695	3 678	13.78
虾类育苗量	亿尾	6 597	7 752	－1 156	－14.91
其中：南美白对虾	亿尾	4 484	3 770	713	18.92
贝类育苗量	万粒	123 551 127	126 222 816	－2 671 689	－2.12
其中：鲍鱼育苗量	万粒	347 595	309 301	38 294	12.38
海带育苗量	亿株	262	256	6	2.46
紫菜育苗量	亿贝壳	14	28	－14	－51.50
海参	亿头	518	273	245	89.58

各地区水产苗种数量（一）

地　区	淡水鱼苗（亿尾）	其中：罗非鱼（亿尾）	淡水鱼种（吨）	投放鱼种（吨）	河蟹育苗（千克）	扣蟹（千克）
全国总计	**9 815.65**	**307.58**	**2 973 360**	**3 200 911**	**787 521**	**42 625 849**
北　京	6.44	0.01	12 638	12 122		
天　津	29.69		9 923	27 732	398	113 720
河　北	30.84	0.45	23 123	37 445		9 445
山　西	107.00	0.02	1	1		
内蒙古	6.47	0.21	10 157	9 976		
辽　宁	79.00	12.00	71 900	65 673	90 950	18 632 879
吉　林	7.80		11 957	14 084		
黑龙江	10.76		41 018	38 700		
上　海	22.00		11 394	22 202	58 500	3 150 000
江　苏	406.34	1.75	270 914	377 755	626 611	12 701 245
浙　江	109.32	0.84	50 048	88 248	4 455	93 647
安　徽	309.19	0.69	240 968	284 560	4 165	5 126 757
福　建	24.60	7.40	14 512	24 976		6
江　西	245.39	2.24	210 468	287 430		302 910
山　东	61.79	2.34	79 677	115 269	2 442	347 592
河　南	63.19	0.17	174 822	90 131		80 000
湖　北	690.00	7.00	774 709	757 684		2 046 978
湖　南	263.15		307 606	280 627		16 300
广　东	6 706.00	193.00	278 327	216 165		
广　西	222.51	20.68	95 698	106 488		
海　南	58.58	47.81	6 663	8 103		
重　庆	46.42	0.86	49 738	54 442		
四　川	145.69	1.03	131 745	165 584		
贵　州	62.97	0.07	7 106	10 423		200
云　南	68.53	8.24	42 521	54 427		2 030
西　藏	0.04		13	13		
陕　西	8.80	0.28	7 653	12 065		
甘　肃	1.46	0.09	1 920	2 010		2 040
青　海	0.15			85		100
宁　夏	6.73		21 343	21 090		
新　疆	14.80	0.40	14 798	15 401		

各地区水产苗种数量（二）

地 区	稚鳖（万只）	稚龟（万只）	鳗苗捕捞（千克）	海水鱼苗（万尾）	其中：	
					大黄鱼（万尾）	鲆鱼（万尾）
全国总计	**51 143.91**	**5 480.43**	**24 559**	**387 441.05**	**211 951.00**	**30 373.00**
北 京	9.00					
天 津	280.00			1 490.50		10.00
河 北	1 329.70	191.00		3 120.00	1 332.00	420.00
山 西	7.00					
内蒙古						
辽 宁	1.00			2 467.00		1 787.00
吉 林						
黑龙江						
上 海	137.00	50.00	2 346			
江 苏	14 838.00	1 114.00	6 824	2 700.00		280.00
浙 江	13 602.25	1 513.35	5 602	3 704.00	2 892.00	
安 徽	1 792.73	281.11				
福 建	162.00	51.00	7 850	272 270.00	207 360.00	455.00
江 西	2 384.00	349.00				
山 东	340.00	8.00	800	30 392.00		26 992.00
河 南	354.83	16.40				
湖 北	4 259.00	720.00				
湖 南	2 487.62	503.55				
广 东	5 546.00	415.00	1 035	56 437.00	367.00	429.00
广 西	3 339.78	254.11	102	5.71		
海 南	94.90	0.50		14 854.84		
重 庆	62.46	3.20				
四 川	96.27	8.21				
贵 州						
云 南	0.43					
西 藏						
陕 西	19.90	2.00				
甘 肃	0.04					
青 海						
宁 夏						
新 疆						

各地区水产苗种数量（三）

地　区	虾类育苗（亿尾）	其中：南美白对虾（亿尾）	贝类育苗（万粒）	其中：鲍鱼（万粒）	海带（亿株）	紫菜（亿贝壳）	海参（亿头）
全国总计	**6 596.64**	**4 483.74**	**123 551 127**	**347 595**	**261.85**	**13.61**	**518.22**
北　京							
天　津	107.30	101.40					
河　北	305.24	262.17	200 000				11.30
山　西	1.20	1.20					
内蒙古							
辽　宁	1 057.00	23.00	6 628 640	18 540			205.00
吉　林							
黑龙江							
上　海	51.59	27.76					
江　苏	101.90	89.59	1 219 816			2.14	
浙　江	422.77	225.48	8 310 702	5	0.35	1.90	
安　徽	136.42	0.42	108 753				
福　建	3 187.65	2 965.33	83 429 235	201 390	178.50	9.57	
江　西	2.00		4 910				
山　东	201.00	116.00	22 783 755	49 896	82.00		301.92
河　南	5.25						
湖　北	225.00		75 832				
湖　南							
广　东	161.21	151.91	740 155	70 919	1.00		
广　西	183.13	176.01	24 830	1 420			
海　南	447.81	343.41	24 500	5 425			
重　庆							
四　川	0.04						
贵　州							
云　南	0.13	0.06					
西　藏							
陕　西							
甘　肃							
青　海							
宁　夏							
新　疆							

3-3 年末渔船拥有量

全国渔船年末拥有量

指标		2009年			2008年			2009年比2008年增减（±）		
		艘	总吨	千瓦	艘	总吨	千瓦	艘	总吨	千瓦
渔船合计		**1 042 395**	**9 181 446**	**20 567 968**	**1 039 359**	**8 967 912**	**19 507 314**	**3 036**	**213 534**	**1 060 654**
机动渔船合计		672 633	8 595 260	20 567 968	630 619	8 284 092	19 507 314	42 014	311 168	1 060 654
1. 生产渔船		637 298	7 806 653	18 860 336	597 342	7 507 872	17 875 162	39 956	298 781	985 174
（1）捕捞渔船		430 835	6 866 099	16 440 831	416 520	6 713 246	15 859 354	14 315	152 853	581 477
441千瓦及以上		1 570	458 991	895 932	1 541	512 177	936 693	29	−53 186	−40 761
44.1～441千瓦		68 538	4 699 935	10 068 379	67 653	4 564 044	10 072 235	885	135 891	−3 856
44.1千瓦及以下		360 727	1 707 173	5 476 520	347 326	1 637 025	4 850 426	13 401	70 148	626 094
（2）养殖渔船		206 463	940 554	2 419 505	180 822	794 626	2 015 808	25 641	145 928	403 697
2. 辅助渔船		35 335	788 607	1 707 632	33 277	776 220	1 632 152	2 058	12 387	75 480
（1）捕捞辅助船		22 791	634 354	1 189 403	22 360	604 427	1 192 723	431	29 927	−3 320
（2）渔业执法船		2 165	55 453	315 962	2 309	58 811	298 830	−144	−3 358	17 132
机动渔船按船长分	24米（含）以上	32 346	3 838 741	7 562 393	35 715	3 757 197	7 446 045	−3 369	81 544	116 348
	12（含）～24米	103 791	2 577 367	5 825 409	96 747	2 478 694	6 058 416	7 044	98 673	−233 007
	12米以下	536 496	2 179 152	7 180 166	498 157	2 048 201	6 002 853	38 339	130 951	1 177 313
非机动渔船合计		369 762	586 186		408 740	683 820		−38 978	−97 634	

各地区机动渔船年末拥有量

地　区	2009 年			2008 年			2009 年比 2008 年增减（±）		
	艘	总吨	千瓦	艘	总吨	千瓦	艘	总吨	千瓦
全国总计	**672 633**	**8 595 260**	**20 567 968**	**630 619**	**8 284 092**	**19 507 314**	**42 014**	**311 168**	**1 060 654**
北　京	30	3 921	6 327	26	2 309	4 614	4	1 612	1 713
天　津	2 645	28 165	83 076	1 916	26 057	67 001	729	2 108	16 075
河　北	13 817	263 462	508 857	13 908	265 140	521 931	−91	−1 678	−13 074
山　西	139	394	2 617	134	389	2 404	5	5	213
内蒙古	1 175	2 604	16 416	1 139	2 226	14 375	36	378	2 041
辽　宁	44 302	744 621	1 565 360	42 886	723 975	1 502 184	1 416	20 646	63 176
吉　林	4 070	5 782	40 776	3 520	5 349	32 044	550	433	8 732
黑龙江	11 620	15 713	106 716	10 980	13 279	97 312	640	2 434	9 404
上　海	1 869	116 728	186 001	1 403	112 204	175 093	466	4 524	10 908
江　苏	131 104	968 877	2 923 031	103 322	800 732	2 154 668	27 782	168 145	768 363
浙　江	51 773	2 346 712	4 401 298	50 204	2 263 461	4 367 023	1 569	83 251	34 275
安　徽	30 297	325 897	416 663	29 116	329 150	388 935	1 181	−3 253	27 728
福　建	64 895	828 096	2 294 779	65 680	809 890	2 302 757	−785	18 206	−7 978
江　西	30 960	157 468	333 572	30 968	152 623	305 378	−8	4 845	28 194
山　东	70 358	927 259	2 135 002	68 812	942 580	2 059 981	1 546	−15 321	75 021
河　南	4 972	21 073	78 197	4 848	19 444	79 471	124	1 629	−1 274
湖　北	50 582	114 097	417 717	45 195	105 263	411 471	5 387	8 834	6 246
湖　南	13 144	32 167	89 800	13 044	31 900	89 120	100	267	680
广　东	70 320	807 263	2 396 068	69 761	815 405	2 400 511	559	−8 142	−4 443
广　西	28 921	317 013	978 417	28 530	345 709	1 012 851	391	−28 696	−34 434
海　南	25 762	399 731	1 107 434	25 634	338 683	1 078 170	128	61 048	29 264
重　庆	5 617	13 364	43 514	5 582	13 637	40 139	35	−273	3 375
四　川	7 396	10 192	66 818	7 377	10 290	66 087	19	−98	731
贵　州	3 469	8 134	57 718	3 469	8 134	57 700			18
云　南	1 258	3 379	30 807	1 018	2 407	19 258	240	972	11 549
西　藏	23	19	227	19	15	154	4	4	73
陕　西	770	1 921	6 727	806	1 750	5 603	−36	171	1 124
甘　肃	8	23	85	9	22	88	−1	1	−3
青　海	170	524	5 945	170	524	5 945			
宁　夏	12	64	1 134	10	50	945	2	14	189
新　疆	827	2 871	13 795	787	2 434	12 882	40	437	913
中农发集团	328	127 726	253 074	346	139 061	231 219	−18	−11 335	21 855

各地区机动渔船年末拥有量（按船长分）

地 区	24米（含）以上			12（含）～24米			12米以下		
	艘	总吨	千瓦	艘	总吨	千瓦	艘	总吨	千瓦
全国总计	**32 346**	**3 838 741**	**7 562 393**	**103 791**	**2 577 367**	**5 825 409**	**536 496**	**2 179 152**	**7 180 166**
北 京	6	3 846	4 587	4	53	716	20	22	1 024
天 津	26	9 979	18 247	433	14 732	33 489	2 186	3 454	31 340
河 北	498	44 339	80 134	4 282	116 632	269 577	9 037	102 491	159 146
山 西				10	36	238	129	358	2 379
内蒙古				8	331	744	1 167	2 273	15 672
辽 宁	3 169	286 612	571 513	11 038	316 971	621 091	30 095	141 038	372 756
吉 林	8	440	1 166	254	809	6 759	3 808	4 533	32 851
黑龙江				91	1 195	7 325	11 529	14 518	99 391
上 海	292	97 553	139 418	514	16 313	35 238	1 063	2 862	11 345
江 苏	1 878	89 407	224 347	20 264	337 460	626 461	108 962	542 010	2 072 223
浙 江	14 572	2 006 434	3 541 282	8 356	234 077	538 578	28 845	106 201	321 438
安 徽	239	17 529	7 019	6 866	180 909	200 131	23 192	127 459	209 513
福 建	3 183	349 588	850 810	8 463	299 558	761 263	53 249	178 950	682 706
江 西	91	2 595	3 603	4 812	28 019	69 639	26 057	126 854	260 330
山 东	3 999	435 458	867 485	10 951	254 533	564 296	55 408	237 268	703 221
河 南	36	1 212	761	1 148	6 854	18 889	3 788	13 007	58 547
湖 北	1	50	198	4 235	18 367	44 638	46 346	95 680	372 881
湖 南	16	428	1 321	1 490	6 075	21 038	11 638	25 664	67 441
广 东	2 572	197 075	555 238	11 073	391 765	1 109 481	56 675	218 423	731 349
广 西	1 040	116 464	318 781	3 768	137 788	359 203	24 113	62 761	300 433
海 南	402	53 413	125 629	3 659	204 674	500 446	21 701	141 644	481 359
重 庆				1 075	4 988	10 007	4 542	8 376	33 507
四 川				86	733	2 344	7 310	9 459	64 474
贵 州	1	20	448	499	1 496	7 182	2 969	6 618	50 088
云 南				109	303	2 942	1 149	3 076	27 865
西 藏							23	19	227
陕 西				7	64	873	763	1 857	5 854
甘 肃				3	12	55	5	11	30
青 海				170	524	5 945			
宁 夏							12	64	1 134
新 疆	2	49	400	110	620	3 753	715	2 202	9 642
中农发集团	315	126 250	250 006	13	1 476	3 068			

各地区机动渔船年末拥有量（生产渔船）

地区	生产渔船			其中					
				捕捞渔船			养殖渔船		
	艘	总吨	千瓦	艘	总吨	千瓦	艘	总吨	千瓦
全国总计	**637 298**	**7 806 653**	**18 860 336**	**430 835**	**6 866 099**	**16 440 831**	**206 463**	**940 554**	**2 419 505**
北京	10	3 850	4 609	6	3 846	4 587	4	4	22
天津	2 578	23 857	72 520	2 072	23 086	66 566	506	771	5 954
河北	13 658	251 051	490 150	7 843	153 396	346 118	5 815	97 655	144 032
山西	127	353	1 892	51	156	659	76	197	1 233
内蒙古	1 133	2 457	14 235	1 035	2 316	13 009	98	141	1 226
辽宁	43 294	683 071	1 430 946	25 712	604 780	1 192 327	17 582	78 291	238 619
吉林	3 816	4 973	34 017	3 816	4 973	34 017			
黑龙江	10 651	13 598	89 586	8 278	9 655	68 252	2 373	3 943	21 334
上海	1 751	103 354	154 757	1 748	103 313	154 684	3	41	73
江苏	118 788	913 835	2 774 403	60 755	591 476	2 080 941	58 033	322 359	693 462
浙江	48 632	2 033 160	3 811 273	36 303	1 990 985	3 698 119	12 329	42 175	113 154
安徽	27 624	261 443	371 326	23 606	216 918	328 440	4 018	44 525	42 886
福建	62 129	731 217	2 091 557	37 239	677 765	1 854 530	24 890	53 452	237 027
江西	30 844	156 103	326 760	19 952	110 370	212 971	10 892	45 733	113 789
山东	69 504	877 127	2 017 537	39 039	735 072	1 594 121	30 465	142 055	423 416
河南	4 721	18 827	72 180	1 653	7 271	26 103	3 068	11 556	46 077
湖北	49 951	111 661	408 434	26 127	60 828	226 303	23 824	50 833	182 131
湖南	12 008	29 403	82 409	11 272	26 798	73 394	736	2 605	9 015
广东	64 750	750 419	2 182 020	58 437	723 576	2 120 725	6 313	26 843	61 295
广西	27 708	304 821	942 932	25 484	297 292	901 547	2 224	7 529	41 385
海南	25 221	390 367	1 072 537	24 822	388 208	1 066 687	399	2 159	5 850
重庆	5 353	12 680	38 999	5 109	10 972	37 936	244	1 708	1 063
四川	6 847	9 036	58 666	5 794	6 941	48 894	1 053	2 095	9 772
贵州	3 076	7 448	49 187	2 423	5 253	38 140	653	2 195	11 047
云南	1 073	2 924	22 355	748	2 160	11 412	325	764	10 943
西藏	23	19	227	23	19	227			
陕西	745	1 804	5 010	477	1 252	2 539	268	552	2 471
甘肃									
青海	170	524	5 945	170	524	5 945			
宁夏									
新疆	806	2 642	12 107	534	2 269	9 878	272	373	2 229
中农发集团	307	104 629	221 760	307	104 629	221 760			

各地区海洋机动渔船年末拥有量

地 区	2009 年			2008 年			2009 年比 2008 年增减（±）		
	艘	总吨	千瓦	艘	总吨	千瓦	艘	总吨	千瓦
全国总计	**295 847**	**6 843 549**	**15 493 687**	**286 983**	**6 733 939**	**15 253 862**	**8 864**	**109 610**	**239 825**
北 京	6	3 846	4 587	3	2 244	2 977	3	1 602	1 610
天 津	759	26 297	54 356	759	24 284	50 133		2 013	4 223
河 北	10 890	255 454	464 627	11 382	259 610	479 989	−492	−4 156	−15 362
辽 宁	42 118	735 680	1 544 080	40 756	715 514	1 481 634	1 362	20 166	62 446
上 海	607	108 826	163 244	608	105 078	156 785	−1	3 748	6 459
江 苏	12 262	266 165	663 421	13 778	281 919	667 633	−1 516	−15 754	−4 212
浙 江	33 504	2 285 997	4 225 529	33 393	2 206 369	4 200 543	111	79 628	24 986
福 建	60 960	822 214	2 267 954	61 813	804 511	2 275 281	−853	17 703	−7 327
山 东	40 483	805 058	1 729 196	39 502	778 100	1 661 178	981	26 958	68 018
广 东	55 858	770 520	2 268 544	46 678	773 892	2 166 150	9 180	−3 372	102 394
广 西	12 424	293 718	750 541	12 367	324 370	802 602	57	−30 652	−52 061
海 南	25 648	342 048	1 104 534	25 598	318 987	1 077 738	50	23 061	26 796
中农发集团	328	127 726	253 074	346	139 061	231 219	−18	−11 335	21 855

各地区海洋机动渔船年末拥有量（按船长分）

地 区	24 米（含）以上			12（含）～24 米			12 米以下		
	艘	总吨	千瓦	艘	总吨	千瓦	艘	总吨	千瓦
全国总计	**31 554**	**3 798 359**	**7 527 026**	**62 503**	**2 046 009**	**5 039 539**	**201 790**	**999 181**	**2 927 122**
北 京	6	3 846	4 587						
天 津	23	9 072	15 216	441	15 030	34 115	295	2 195	5 025
河 北	498	44 339	80 134	4 280	116 573	269 405	6 112	94 542	115 088
辽 宁	3 165	285 752	570 986	10 979	315 041	619 269	27 974	134 887	353 825
上 海	287	97 184	138 205	258	11 099	23 190	62	543	1 849
江 苏	1 550	81 127	207 817	5 525	140 777	341 149	5 187	44 261	114 455
浙 江	14 572	2 006 434	3 541 282	5 967	217 938	506 430	12 965	61 625	177 817
福 建	3 182	349 451	850 075	8 452	299 115	758 845	49 326	173 648	659 034
山 东	3 999	435 458	867 485	9 555	252 338	538 384	26 929	117 262	323 327
广 东	2 535	190 229	556 832	10 388	383 745	1 091 463	42 935	196 546	620 249
广 西	1 040	116 464	318 781	3 045	136 203	342 620	8 339	41 051	89 140
海 南	382	52 753	125 620	3 600	156 674	511 601	21 666	132 621	467 313
中农发集团	315	126 250	250 006	13	1 476	3 068			

各地区海洋机动渔船年末拥有量（生产渔船）

地区	生产渔船			其中					
				捕捞渔船			养殖渔船		
	艘	总吨	千瓦	艘	总吨	千瓦	艘	总吨	千瓦
全国总计	**281 371**	**6 189 889**	**14 088 504**	**206 923**	**5 838 599**	**13 058 326**	**74 448**	**351 290**	**1 030 178**
北京	6	3 846	4 587	6	3 846	4 587			
天津	705	22 905	47 125	705	22 905	47 125			
河北	10 795	243 397	447 117	5 929	148 508	311 723	4 866	94 889	135 394
辽宁	41 198	676 058	1 412 705	23 875	599 650	1 178 513	17 323	76 408	234 192
上海	556	96 941	137 883	556	96 941	137 883			
江苏	11 816	253 788	630 162	10 312	232 652	554 944	1 504	21 136	75 218
浙江	30 671	1 973 879	3 642 507	25 797	1 957 769	3 595 659	4 874	16 110	46 848
福建	58 384	726 163	2 069 408	33 870	673 527	1 834 141	24 514	52 636	235 267
山东	39 839	755 698	1 616 721	24 745	689 020	1 396 161	15 094	66 678	220 560
广东	50 674	717 754	2 069 764	45 979	701 254	2 013 815	4 695	16 500	55 949
广西	11 312	281 886	719 508	10 124	277 007	698 608	1 188	4 879	20 900
海南	25 108	332 945	1 069 257	24 718	330 891	1 063 407	390	2 054	5 850
中农发集团	307	104 629	221 760	307	104 629	221 760			

各地区捕捞机动渔船年末拥有量（按功率分）

地 区	44.1千瓦（含）以下			44.1千瓦～441千瓦			441千瓦（含）以上		
	艘	总吨	千瓦	艘	总吨	千瓦	艘	总吨	千瓦
全国总计	**360 727**	**1 707 173**	**5 476 520**	**68 538**	**4 699 935**	**10 068 379**	**1 570**	**458 991**	**895 932**
北 京				2	224	397	4	3 622	4 190
天 津	1 788	3 837	28 288	271	11 737	25 852	13	7 512	12 426
河 北	5 431	32 979	92 713	2 402	117 653	248 995	10	2 764	4 410
山 西	51	156	659						
内蒙古	1 031	2 044	12 528	4	272	481			
辽 宁	17 853	137 608	290 758	7 590	410 895	810 868	269	56 277	90 701
吉 林	3 808	4 533	32 851	8	440	1 166			
黑龙江	8 278	9 655	68 252						
上 海	1 265	5 916	16 729	426	40 103	77 059	57	57 294	60 896
江 苏	54 655	394 787	1 566 818	6 082	192 910	505 924	18	3 779	8 199
浙 江	20 492	82 917	265 102	15 594	1 814 325	3 293 506	217	93 743	139 511
安 徽	21 982	162 153	230 313	1 624	54 765	98 127			
福 建	28 178	107 347	374 688	8 741	489 938	1 323 810	320	80 480	156 032
江 西	19 945	110 281	212 721	7	89	250			
山 东	31 177	172 745	452 317	7 826	552 132	1 124 294	36	10 195	17 510
河 南	1 653	7 271	26 103						
湖 北	26 087	60 446	221 785	40	382	4 518			
湖 南	11 259	26 654	72 774	13	144	620			
广 东	47 491	170 556	649 806	10 607	503 296	1 275 827	339	49 724	195 092
广 西	22 583	61 135	267 843	2 876	231 847	621 889	25	4 310	11 815
海 南	20 502	125 249	443 300	4 306	260 957	620 796	14	2 002	2 591
重 庆	5 106	10 943	37 608	3	29	328			
四 川	5 790	6 929	48 702	4	12	192			
贵 州	2 421	5 240	37 978	2	13	162			
云 南	716	2 089	10 025	6	18	347	26	53	1 040
西 藏	23	19	227						
陕 西	471	1 154	2 383	6	98	156			
甘 肃									
青 海	170	524	5 945						
宁 夏									
新 疆	521	2 006	7 304	13	263	2 574			
中农发集团				85	17 393	30 241	222	87 236	191 519

各地区海洋捕捞机动渔船基本情况

地　区	合计		1. 国内海洋捕捞机动渔船		其中：纳入双控管理渔船数		2. 远洋渔船	
	艘	千瓦	艘	千瓦	艘	千瓦	艘	千瓦
全国总计	**206 923**	**13 058 326**	**205 518**	**12 263 967**	**177 059**	**11 535 256**	**1 405**	**794 359**
北　京	6	4 587					6	4 587
天　津	705	47 125	688	36 203	589	32 657	17	10 922
河　北	5 929	311 723	5 929	311 723	5 971	309 921		
辽　宁	23 875	1 178 513	23 636	1 058 379	19 829	895 723	239	120 134
上　海	556	137 883	473	59 122	523	56 714	83	78 761
江　苏	10 312	554 944	10 279	550 547	10 068	585 411	33	4 397
浙　江	25 797	3 595 659	25 560	3 456 167	25 427	3 480 372	237	139 492
福　建	33 870	1 834 141	33 706	1 762 663	30 726	1 605 913	164	71 478
山　东	24 745	1 396 161	24 575	1 303 854	24 268	1 359 380	170	92 307
广　东	45 979	2 013 815	45 849	1 971 223	38 359	1 982 099	130	42 592
广　西	10 124	698 608	10 105	690 679	10 247	718 048	19	7 929
海　南	24 718	1 063 407	24 718	1 063 407	11 052	509 018		
中农发集团	307	221 760					307	221 760

各地区海洋捕捞机动渔船年末拥有量（按功率分）

地　区	44.1千瓦（含）以下			44.1千瓦～441千瓦			441千瓦（含）以上		
	艘	总吨	千瓦	艘	总吨	千瓦	艘	总吨	千瓦
全国总计	**142 543**	**817 845**	**2 224 124**	**62 944**	**4 562 411**	**9 940 584**	**1 436**	**458 343**	**893 618**
北　京				2	224	397	4	3 622	4 190
天　津	421	3 656	8 848	271	11 737	25 851	13	7 512	12 426
河　北	3 527	28 121	58 773	2 392	117 623	248 540	10	2 764	4 410
辽　宁	16 368	133 416	278 322	7 318	409 957	809 626	189	56 277	90 565
上　海	139	1 100	3 946	360	38 547	73 041	15	57 294	60 896
江　苏	6 800	83 886	172 671	3 497	145 580	376 192	57	3 186	6 081
浙　江	10 000	49 898	163 373	15 580	1 814 128	3 292 775	217	93 743	139 511
福　建	24 810	103 109	354 299	8 740	489 938	1 323 810	320	80 480	156 032
山　东	16 894	126 865	255 801	7 815	551 960	1 122 850	36	10 195	17 510
广　东	35 917	150 889	449 403	9 748	500 641	1 368 840	314	49 724	195 572
广　西	7 262	40 950	67 668	2 837	231 747	619 125	25	4 310	11 815
海　南	20 405	95 955	411 020	4 299	232 936	649 296	14	2 000	3 091
中农发集团				85	17 393	30 241	222	87 236	191 519

各地区海洋捕捞机动渔船年末拥有量（按作业类型分）（一）

地区	拖网			围网			刺网		
	艘	总吨	千瓦	艘	总吨	千瓦	艘	总吨	千瓦
全国总计	**39 423**	**3 129 145**	**6 730 056**	**7 070**	**269 430**	**712 121**	**99 972**	**1 337 821**	**3 255 278**
北京									
天津	4	405	926				566	11 193	23 958
河北	163	14 992	28 372				5 750	130 961	279 235
辽宁	5 433	289 912	536 836	12	2 330	11 364	13 621	263 916	528 906
上海	349	72 113	96 635	7	9 100	17 278	12	1 121	2 194
江苏	748	27 997	58 837	62	3 362	8 880	3 950	88 973	248 285
浙江	9 503	1 188 155	2 215 796	384	68 629	107 627	5 247	208 624	400 635
福建	4 087	287 943	804 519	979	42 281	107 812	12 499	131 642	357 327
山东	9 324	541 806	1 088 200	69	2 730	5 179	10 293	116 486	242 170
广东	6 077	326 818	972 178	1 548	57 641	142 850	29 418	215 242	642 570
广西	2 076	209 285	514 328	863	38 147	114 800	5 029	20 912	56 660
海南	1 441	82 483	215 574	3 146	45 210	196 331	13 587	148 751	473 338
中农发集团	218	87 236	197 855						

各地区海洋捕捞机动渔船年末拥有量（按作业类型分）（二）

地区	张网			钓业			其他		
	艘	总吨	千瓦	艘	总吨	千瓦	艘	总吨	千瓦
全国总计	**24 256**	**491 593**	**1 023 499**	**12 325**	**288 250**	**550 713**	**23 877**	**322 360**	**786 659**
北京				4	3 622	4 190	2	224	397
天津	7	920	1 710	17	8 234	13 666	111	2 153	6 865
河北	8	331	588	8	2 224	3 528			
辽宁	2 169	11 777	36 793	1 176	22 309	36 420	1 464	9 406	28 194
上海	164	1 457	5 410	22	13 137	16 312	2	13	54
江苏	1 836	53 444	127 173	20	130	197	3 696	58 746	111 572
浙江	6 436	301 229	551 623	664	104 806	160 047	3 563	86 326	159 931
福建	7 042	86 988	210 055	1 534	28 391	55 252	7 729	96 282	299 176
山东	3 696	18 895	41 850	1 105	4 454	10 636	258	4 649	8 126
广东	912	4 736	14 400	2 911	48 683	127 477	5 113	48 134	114 340
广西				1 872	7 197	9 117	284	1 466	3 703
海南	1 986	11 816	33 897	2 903	27 670	89 966	1 655	14 961	54 301
中农发集团				89	17 393	23 905			

各地区远洋渔船年末拥有量

地区	2009年		2008年		2009年比2008年增减（±）	
	艘	千瓦	艘	千瓦	艘	千瓦
全国总计	**1 456**	**861 328**	**1 462**	**784 403**	**−6**	**76 925**
北　京	6	4 587	3	2 977	3	1 610
天　津	17	10 922	19	11 804	−2	−882
河　北						
辽　宁	244	128 535	230	120 619	14	7 916
上　海	85	81 518	81	76 402	4	5 116
江　苏	34	5 132	34	5 073		59
浙　江	249	148 312	217	127 029	32	21 283
福　建	172	84 362	165	71 376	7	12 986
山　东	172	94 365	216	108 462	−44	−14 097
广　东	130	42 592	150	46 938	−20	−4 346
广　西	19	7 929	18	7 482	1	447
海　南						
中农发集团	328	253 074	329	206 241	−1	46 833

各地区辅助渔船年末拥有量

地 区	合 计			其 中					
				捕捞辅助船			渔业执法船		
	艘	总吨	千瓦	艘	总吨	千瓦	艘	总吨	千瓦
全国总计	**35 335**	**788 607**	**1 707 632**	**22 791**	**634 354**	**1 189 403**	**2 165**	**55 453**	**315 962**
北 京	20	71	1 718				20	71	1 718
天 津	67	4 308	10 556	52	3 117	6 717	15	1 191	3 839
河 北	159	12 411	18 707	113	9 573	12 248	38	2 165	5 631
山 西	12	41	725				12	41	725
内蒙古	42	147	2 181	5	6	95	37	141	2 086
辽 宁	1 008	61 550	134 414	877	54 568	105 604	131	6 982	28 810
吉 林	254	809	6 759				8	440	1 166
黑龙江	969	2 115	17 130	878	920	9 805	91	1 195	7 325
上 海	118	13 374	31 244	59	6 493	8 745	59	6 881	22 499
江 苏	12 316	55 042	148 628	3 875	21 522	56 059	150	3 114	15 268
浙 江	3 141	313 552	590 025	2 611	278 966	502 193	164	8 936	59 050
安 徽	2 673	64 454	45 337	2 555	62 905	37 240	118	1 549	8 097
福 建	2 766	96 879	203 222	1 822	70 484	123 053	57	3 597	22 912
江 西	116	1 365	6 812	45	144	836	71	1 221	5 976
山 东	854	50 132	117 465	748	44 937	95 928	106	5 195	21 537
河 南	251	2 246	6 017				251	2 246	6 017
湖 北	631	2 436	9 283	481	988	2 205	150	1 448	7 078
湖 南	1 136	2 764	7 391	983	2 409	1 682	46	345	3 061
广 东	5 570	56 844	214 048	5 218	51 324	161 730	204	4 472	47 829
广 西	1 213	12 192	35 485	1 078	10 733	21 583	135	1 459	13 902
海 南	541	9 364	34 897	493	8 094	25 687	48	1 270	9 210
重 庆	264	684	4 515	237	372	1 542	27	312	2 973
四 川	549	1 156	8 152	293	458	2 580	76	470	4 729
贵 州	393	686	8 531	106	141	164	20	138	1 852
云 南	185	455	8 452	78	240	2 233	71	166	5 778
西 藏									
陕 西	25	117	1 717	13	27	138	12	90	1 579
甘 肃	8	23	85	5	17	45	3	6	40
青 海				157	482	3 145	13	39	2 600
宁 夏	12	64	1 134				12	64	1 134
新 疆	21	229	1 688	1	20	147	20	209	1 541
中农发集团	21	23 097	31 314	8	5 414	7 999			

各地区海洋辅助渔船年末拥有量

地 区	合计			其中					
				捕捞辅助船			渔业执法船		
	艘	总吨	千瓦	艘	总吨	千瓦	艘	总吨	千瓦
全国总计	**14 476**	**653 660**	**1 405 183**	**12 339**	**544 518**	**1 077 707**	**524**	**38 595**	**204 624**
北 京									
天 津	54	3 392	7 231	52	3 117	6 717	2	275	514
河 北	95	12 057	17 510	71	9 412	12 137	22	2 083	4 784
辽 宁	920	59 622	131 375	838	53 045	103 915	82	6 577	26 360
上 海	51	11 885	25 361	33	5 726	7 212	18	6 159	18 149
江 苏	446	12 377	33 259	172	7 036	17 456	23	2 255	8 089
浙 江	2 833	312 118	583 022	2 454	278 372	500 230	70	8 379	54 593
福 建	2 576	96 051	198 546	1 649	70 271	122 144	37	2 979	19 035
山 东	644	49 360	112 475	582	44 514	93 979	62	4 846	18 496
广 东	5 184	52 766	198 780	4 916	48 831	159 555	120	2 887	34 736
广 西	1 112	11 832	31 033	1 071	10 727	21 349	41	1 105	9 684
海 南	540	9 103	35 277	493	8 053	25 014	47	1 050	10 184
中农发集团	21	23 097	31 314	8	5 414	7 999			

各地区非机动渔船年末拥有量

地区	非机动渔船		其中：海洋渔业非机动渔船	
	艘	总吨	艘	总吨
全国总计	**369 762**	**586 186**	**16 965**	**18 916**
北京	304	15		
天津	1 297	723		
河北	5 784	4 517		
山西	228	122		
内蒙古	504	406		
辽宁	2 951	3 672	798	717
吉林	3 271	3 271		
黑龙江	5 490	3 433		
上海	524	314		
江苏	120 256	316 935	661	1 132
浙江	32 838	37 875	1 846	3 365
安徽	25 454	66 050		
福建	3 872	3 838	3 493	3 528
江西	20 983	18 408		
山东	42 859	30 598	3 888	2 857
河南	8 365	7 712		
湖北	59 495	55 189		
湖南				
广东	6 309	8 283	3 112	6 157
广西	917	1 334	229	1 025
海南	198	550	2 938	135
重庆	1 374	1 301		
四川	8 435	6 605		
贵州	5 565	5 058		
云南	10 650	7 793		
西藏	167	107		
陕西	944	1 068		
甘肃	68	34		
青海				
宁夏				
新疆	660	975		
中农发集团				

3-4 基础设施

各地区渔业基础设施情况

单位：个

地区	国家级水产原（良）种场	渔港合计	其中			国家级种质资源保护区	国家级水生生物自然保护区
			沿海中心渔港	沿海一级渔港	内陆重点渔港		
全国总计	**55**	**143**	**55**	**56**	**32**	**160**	**15**
北京	2						
天津	2						
河北	2	6	3	2	1	4	
山西	1					2	
内蒙古	1	1			1	4	
辽宁		10	3	6	1	1	1
吉林		2			2	7	1
黑龙江	1	3			3	7	
上海	1						
江苏	5	9	5	3	1	16	
浙江	5	17	8	9		3	
安徽	1	3			3	9	
福建		16	6	9	1	1	1
江西	4	2			2	10	
山东	8	15	8	6	1	16	
河南						6	
湖北	6	4			4	11	2
湖南	4	4			4	7	1
广东	2	14	6	8		9	4
广西	1	9	4	4	1	2	
海南	1	7	5	2		2	
重庆	1	2			2	2	1
四川	2	3			3	7	1
贵州		1			1	2	1
云南						8	1
西藏							
陕西						4	1
甘肃	1					7	
青海	1					4	
宁夏						2	
新疆		1			1	2	
大连	1	7	3	4			
青岛	1	4	3	1			
宁波		3	1	2			
深圳							
厦门	1						
新疆兵团							
黄渤海区渔政局						2	
东海区渔政局						2	
南海区渔政局						1	

3－5 渔业人口

全国渔业人口与从业人员

指 标	计量单位	2009年	2008年	2009年比2008年增减（±）	其中：海洋渔业 2009年	2008年	2009年比2008年增减（±）
1. 渔业乡	个	913	771	142	405	423	－18
2. 渔业村	个	9 489	9 230	259	3 793	3 831	－38
3. 渔业户	户	5 202 229	5 317 450	－115 221	1 482 663	1 575 086	－92 423
4. 渔业人口	人	20 845 577	20 961 324	－115 747	5 756 318	5 679 961	76 357
其中：传统渔民	人	7 456 534	7 559 519	－102 985	3 318 275	3 359 374	－41 099
5. 渔业从业人员	人	13 847 271	13 994 223	－146 952	3 388 208	3 352 813	35 395
（1）专业从业人员	人	7 577 467	7 925 324	－347 857	2 230 261	2 216 594	13 667
其中：女性	人	1 558 761	1 715 819	－157 058	325 305	340 103	－14 798
其中：捕捞	人	1 811 648	1 820 156	－8 508	1 071 080	1 073 879	－2 799
养殖	人	4 960 772	5 039 559	－78 787	829 315	816 253	13 062
其他	人	805 047	1 065 609	－260 562	329 866	326 462	3 404
（2）兼业从业人员	人	4 966 136	4 853 056	113 080	806 417	807 732	－1 315
（3）临时从业人员	人	1 303 668	1 215 843	87 825	351 530	328 487	23 043

各地区渔业人口与从业人员（一）

地　区	1. 渔业乡（个）	2. 渔业村（个）	3. 渔业户（户）	4. 渔业人口（人）		5. 渔业从业人员（人）
				小计	其中：传统渔民	
全国总计	**913**	**9 489**	**5 202 229**	**20 845 577**	**7 456 534**	**13 847 271**
北　京	17	65	7 083	29 300	12 058	20 222
天　津	1	8	18 080	69 646	36 728	42 948
河　北	40	271	65 622	282 561	144 947	223 771
山　西			2 002	7 218	45	5 465
内蒙古	4	32	7 588	41 066	5 774	28 495
辽　宁	132	690	211 666	843 462	443 274	582 872
吉　林	2	3	26 661	94 376	873	42 771
黑龙江			56 037	201 982	161 590	126 928
上　海		50	16 363	47 154	17 866	34 219
江　苏	17	492	393 576	1 638 826	554 281	1 205 614
浙　江	91	767	346 769	1 181 793	456 367	804 519
安　徽	11	197	214 917	931 326	325 105	699 640
福　建	49	586	442 339	1 776 274	1 005 952	914 954
江　西	28	346	345 913	1 594 377	314 400	963 779
山　东	142	2 256	444 460	1 572 483	608 878	1 197 438
河　南	24	513	129 881	598 444	45 946	451 230
湖　北	47	803	557 742	1 895 489	823 943	1 287 677
湖　南	5	274	295 860	1 340 378	170 173	886 440
广　东	83	982	512 030	2 442 342	1 157 131	1 349 629
广　西	5	207	231 763	959 497	366 168	717 143
海　南	29	438	95 441	475 065	319 081	266 436
重　庆		12	159 724	511 699	114 810	356 776
四　川	37	181	482 695	1 645 622	224 101	1 141 272
贵　州			41 290	208 567	37 065	109 724
云　南	1	42	71 629	340 637	84 709	300 230
西　藏		2	104	463	175	175
陕　西	145	257	12 541	57 798	17 217	43 197
甘　肃			3 172	10 449	1 497	8 611
青　海	2	12	432	1 668		1 668
宁　夏			4 468	24 555		18 799
新　疆	1	3	4 381	21 060	6 380	14 629

各地区渔业人口与从业人员（二）

单位：人

地 区	1. 专业从业人员					2. 兼业从业人员	3. 临时从业人员
	小计	其中:女性	(1) 捕捞	(2) 养殖	(3) 其他		
全国总计	**7 577 467**	**1 558 761**	**1 811 648**	**4 960 772**	**805 047**	**4 966 136**	**1 303 668**
北 京	12 279	3 129	1 054	8 934	2 291	4 564	3 379
天 津	23 643	1 198	5 041	17 214	1 388	12 068	7 237
河 北	104 135	18 153	36 778	51 199	16 158	54 853	64 783
山 西	3 364	155	289	2 742	333	1 717	384
内蒙古	17 026	3 204	6 359	9 409	1 258	9 577	1 892
辽 宁	403 654	51 082	141 646	227 303	34 705	118 780	60 438
吉 林	4 768	1 492	332	3 911	525	36 918	1 085
黑龙江	90 778	18 156	22 880	60 481	7 417	28 920	7 230
上 海	31 892	3 370	8 892	21 990	1 010	1 610	717
江 苏	720 324	199 838	190 128	492 365	37 831	356 668	128 622
浙 江	504 465	92 879	176 334	216 667	111 464	205 834	94 220
安 徽	353 420	87 154	65 110	253 634	34 676	269 259	76 961
福 建	555 855	82 655	202 385	291 667	61 803	311 735	47 364
江 西	442 836	85 091	65 174	317 066	60 596	428 675	92 268
山 东	672 683	131 893	229 539	332 160	110 984	348 782	175 973
河 南	195 076	50 980	29 856	136 183	29 037	214 167	41 987
湖 北	889 960	239 244	88 378	758 649	42 933	266 163	131 554
湖 南	396 487	78 293	34 757	330 791	30 939	452 614	37 339
广 东	873 379	180 656	258 438	555 555	59 386	415 983	60 267
广 西	335 831	46 338	65 953	224 560	45 318	303 552	77 760
海 南	201 763	27 533	117 144	55 806	28 813	55 111	9 562
重 庆	187 548	64 406	12 491	158 654	16 403	121 500	47 728
四 川	380 160	65 150	25 737	299 858	54 565	695 703	65 409
贵 州	38 608	3 817	5 594	25 720	7 294	59 905	11 211
云 南	93 722	14 162	16 763	71 828	5 131	153 113	53 395
西 藏	117		117			58	
陕 西	18 141	5 440	2 253	15 033	855	23 807	1 249
甘 肃	3 293	48	30	3 148	115	5 139	179
青 海	20			20		1 648	
宁 夏	12 079	2 122	405	10 116	1 558	4 441	2 279
新 疆	10 161	1 123	1 791	8 109	261	3 272	1 196

各地区海洋渔业人口与从业人员（一）

地区	1. 渔业乡（个）	2. 渔业村（个）	3. 渔业户（户）	4. 渔业人口（人）		5. 渔业从业人员（人）
				小计	其中：传统渔民	
全国总计	**405**	**3 793**	**1 482 663**	**5 756 318**	**3 318 275**	**3 388 208**
北京			170	510	170	150
天津	1	7	2 976	10 207	8 191	4 457
河北	15	85	37 872	149 816	113 071	131 416
辽宁	90	407	148 574	611 072	312 272	408 483
上海		10	2 409	8 121	4 929	5 782
江苏	10	109	54 906	277 649	122 820	196 805
浙江	81	577	228 516	718 073	309 267	405 572
福建	49	563	357 194	1 417 905	892 096	698 609
山东	68	925	280 817	880 333	438 524	652 344
广东	67	612	222 450	1 033 173	707 445	494 902
广西	5	110	64 575	251 376	112 000	178 947
海南	19	388	82 204	398 083	297 490	210 741

各地区海洋渔业人口与从业人员（二）

地区	1. 专业从业人员（人）					2. 兼业从业人员（人）	3. 临时从业人员（人）
	小计	其中：女性	（1）捕捞	（2）养殖	（3）其他		
全国总计	**2 230 261**	**325 305**	**1 071 080**	**829 315**	**329 866**	**806 417**	**351 530**
北京	150		150				
天津	1 950	220	525	621	804	2 507	
河北	53 067	2 765	21 901	21 108	10 058	23 070	55 279
辽宁	283 014	39 078	123 574	133 089	26 351	68 504	56 965
上海	5 418	67	5 192		226	147	217
江苏	112 972	30 055	63 202	41 300	8 470	65 077	18 756
浙江	284 423	40 957	144 898	61 963	77 562	70 726	50 423
福建	459 222	67 892	189 385	217 668	52 169	207 112	32 275
山东	404 243	60 422	168 426	152 927	82 890	164 631	83 470
广东	363 140	56 199	203 974	120 684	38 482	107 016	24 746
广西	90 360	8 351	38 405	41 344	10 611	68 463	20 124
海南	172 302	19 299	111 448	38 611	22 243	29 164	9 275

第四部分　加工与贸易

4-1 水产品加工

全国水产加工情况

指　　标	计量单位	2009 年	2008 年	2009 年比 2008 年增减（±）	
				绝对量	幅度（%）
1. 水产加工企业	个	9 635	9 971	−336	−3.37
水产品加工能力	吨/年	22 091 650	21 974 753	116 897	0.53
其中：规模以上加工企业	个	2 558	2 428	130	5.35
2. 水产冷库	座	7 548	7 439	109	1.47
冻结能力	吨/日	499 686	430 849	68 837	15.98
冷藏能力	吨/次	3 603 577	3 356 768	246 809	7.35
制冰能力	吨/日	212 662	232 237	−19 575	−8.43
3. 水产加工品总量	吨	14 773 334	13 677 581	1 095 753	8.01
淡水加工产品	吨	2 279 306	2 008 122	271 184	13.50
海水加工产品	吨	12 494 028	11 669 459	824 569	7.07
（1）水产冷冻品	吨	9 411 169	8 509 581	901 588	10.59
其中：冷冻品	吨	4 896 807	4 262 366	634 441	14.88
冷冻加工品	吨	4 514 362	4 247 215	267 147	6.29
（2）鱼糜制品及干腌制品	吨	2 235 389	1 934 979	300 410	15.53
其中：鱼糜制品	吨	847 929	819 122	28 807	3.52
干腌制品	吨	1 387 460	1 115 857	271 603	24.34
（3）藻类加工品	吨	904 623	816 911	87 712	10.74
（4）罐制品	吨	220 823	220 212	611	0.28
（5）水产饲料（鱼粉）	吨	1 364 600	1 479 961	−115 361	−7.79
（6）鱼油制品	吨	24 724	92 345	−67 621	−73.23
（7）其他水产加工品	吨	612 006	623 592	−11 586	−1.86
其中：助剂和添加剂	吨	70 722	54 338	16 384	30.15
珍珠	千克	700 363	390 114	310 249	79.53
4. 用于加工的水产品总量	吨	18 221 834	16 374 277	1 847 557	11.28
其中：淡水产品	吨	3 936 376	3 233 437	702 939	21.74
海水产品	吨	14 285 458	13 140 840	1 144 618	8.71
5. 部分水产品年加工量	吨	1 362 740	1 069 191	293 549	27.46
其中：对虾	吨	430 321	319 472	110 849	34.70
克氏原螯虾	吨	150 747	130 896	19 851	15.17
罗非鱼	吨	591 870	470 741	121 129	25.73
鳗鱼	吨	113 723	81 522	32 201	39.50
斑点叉尾鮰	吨	76 079	66 560	9 519	14.30

各地区水产加工品总量

单位：吨

指　标	2009 年		2008 年		2009 年比 2008 年增减（±）			
					绝对量		幅度（%）	
	水产加工品总量	其中:淡水加工产品	水产加工品总量	其中:淡水加工产品	水产加工品总量	其中:淡水加工产品	水产加工品总量	其中:淡水加工产品
全国总计	**14 773 334**	**2 279 306**	**13 677 581**	**2 008 122**	**1 095 753**	**271 184**	**8.01**	**13.50**
北　京	2 907	783	2 756	756	151	27	5.48	3.57
天　津	1 503	613	1 588	113	−85	500	−5.35	442.48
河　北	139 002	13 165	140 968	13 496	−1 966	−331	−1.39	−2.45
山　西								
内蒙古	5 531	5 531	4 965	4 965	566	566	11.40	11.40
辽　宁	1 860 367	27 772	1 585 319	24 441	275 048	3 331	17.35	13.63
吉　林	10 208	10 208	8 907	8 907	1 301	1 301	14.61	14.61
黑龙江	6 614	6 614	5 066	5 066	1 548	1 548	30.56	30.56
上　海	154 167	8 533	19 819	10 566	134 348	−2 033	677.87	−19.24
江　苏	777 752	269 502	722 573	247 595	55 179	21 907	7.64	8.85
浙　江	2 009 115	127 448	2 017 655	124 705	−8 540	2 743	−0.42	2.20
安　徽	94 492	94 492	85 168	85 168	9 324	9 324	10.95	10.95
福　建	2 133 931	156 912	1 971 947	156 587	161 984	325	8.21	0.21
江　西	211 190	211 190	198 387	198 387	12 803	12 803	6.45	6.45
山　东	4 366 389	114 178	4 354 929	127 643	11 460	−13 465	0.26	−10.55
河　南	17 319	17 319	14 337	14 337	2 982	2 982	20.80	20.80
湖　北	525 690	525 690	447 620	447 620	78 070	78 070	17.44	17.44
湖　南	60 814	60 814	56 566	56 566	4 248	4 248	7.51	7.51
广　东	1 417 646	390 274	1 391 565	329 829	26 081	60 445	1.87	18.33
广　西	486 942	95 128	165 489	17 196	321 453	77 932	194.24	453.20
海　南	464 117	115 502	448 899	101 121	15 218	14 381	3.39	14.22
重　庆	193	193	180	180	13	13	7.22	7.22
四　川	2 614	2 614	4 876	4 876	−2 262	−2 262	−46.39	−46.39
贵　州	1 641	1 641	1 563	1 563	78	78	4.99	4.99
云　南	14 115	14 115	16 507	16 507	−2 392	−2 392	−14.49	−14.49
西　藏								
陕　西	6 280	6 280	6 160	6 160	120	120	1.95	1.95
甘　肃								
青　海	1 000	1 000	1 000	1 000				
宁　夏								
新　疆	1 795	1 795	2 772	2 772	−977	−977	−35.25	−35.25

各地区水产加工品总量（按品种分）（一）

单位：吨

地 区	水产加工品总量	其中		1. 水产冷冻品		
		淡水加工产品	海水加工产品		冷冻品	冷冻加工品
全国总计	**14 773 334**	**2 279 306**	**12 494 028**	**9 411 169**	**4 896 807**	**4 514 362**
北 京	2 907	783	2 124	2 744	2 475	269
天 津	1 503	613	890	1 478	1 065	413
河 北	139 002	13 165	125 837	58 735	18 846	39 889
山 西						
内蒙古	5 531	5 531		4 231	3 831	400
辽 宁	1 860 367	27 772	1 832 595	1 205 616	332 544	873 072
吉 林	10 208	10 208		740	220	520
黑龙江	6 614	6 614		3 014	3 014	
上 海	154 167	8 533	145 634	153 967	150 129	3 838
江 苏	777 752	269 502	508 250	499 697	306 492	193 205
浙 江	2 009 115	127 448	1 881 667	1 538 577	1 115 713	422 864
安 徽	94 492	94 492		52 393	29 775	22 618
福 建	2 133 931	156 912	1 977 019	781 182	452 854	328 328
江 西	211 190	211 190		61 512	26 208	35 304
山 东	4 366 389	114 178	4 252 211	2 964 064	1 641 558	1 322 506
河 南	17 319	17 319		15 770	8 214	7 556
湖 北	525 690	525 690		221 224	71 468	149 756
湖 南	60 814	60 814		23 789	18 407	5 382
广 东	1 417 646	390 274	1 027 372	955 958	328 115	627 843
广 西	486 942	95 128	391 814	451 927	108 833	343 094
海 南	464 117	115 502	348 615	396 263	270 254	126 009
重 庆	193	193				
四 川	2 614	2 614		2 409	197	2 212
贵 州	1 641	1 641		525	525	
云 南	14 115	14 115		12 989	3 775	9 214
西 藏						
陕 西	6 280	6 280		395	395	
甘 肃						
青 海	1 000	1 000		600	600	
宁 夏						
新 疆	1 795	1 795		1 370	1 300	70

各地区水产加工品总量（按品种分）（二）

单位：吨

地 区	2. 鱼糜制品及干腌制品	鱼糜制品	干腌制品	3. 藻类加工品	4. 罐制品	5. 水产饲料（鱼粉）
全国总计	**2 235 389**	**847 929**	**1 387 460**	**904 623**	**220 823**	**1 364 600**
北 京						140
天 津						
河 北	14 255	470	13 785		5 955	58 016
山 西						
内蒙古	142		142	848	310	
辽 宁	155 684	52 772	102 912	289 348	15 659	60 080
吉 林	9 440	860	8 580		8	
黑龙江	3 200		3 200			
上 海						
江 苏	36 452	16 258	20 194	14 813	13 648	195 898
浙 江	246 949	77 079	169 870	14 006	29 903	137 386
安 徽	10 197	6 324	3 873		2 350	28 398
福 建	441 225	223 424	217 801	329 495	26 687	440 660
江 西	120 453	47 837	72 616	1 202	3 973	15 901
山 东	608 140	206 287	401 853	242 902	35 643	292 642
河 南	936	82	854	180	233	200
湖 北	279 978	98 645	181 333		23 428	
湖 南	32 180	5 773	26 407	235	1 533	2 772
广 东	223 140	97 348	125 792	3 033	60 609	112 318
广 西	24 447	12 868	11 579		154	327
海 南	26 392	930	25 462	8 085		13 977
重 庆	113		113			
四 川	205		205			
贵 州	1 116	972	144			
云 南	72		72	476	578	
西 藏						
陕 西						5 885
甘 肃						
青 海	400		400			
宁 夏						
新 疆	273		273		152	

各地区水产加工品总量（按品种分）（三）

单位：吨

地　区	6. 鱼油制品	7. 其他水产加工品	助剂和添加剂	珍珠（千克）
全国总计	**24 724**	**612 006**	**70 722**	**700 363**
北　京		23	23	
天　津		25		
河　北	35	2 006		
山　西				
内蒙古				
辽　宁	1 960	132 020	2 000	
吉　林	20			
黑龙江		400		
上　海		200		
江　苏		17 244	150	458 350
浙　江	1 635	40 659	7 685	509
安　徽		1 154	30	15 022
福　建	3 200	111 482	3 818	
江　西	400	7 749	1 810	577
山　东	16 950	206 048	50 251	3 500
河　南				
湖　北		1 060	105	4 800
湖　南		305		212 700
广　东	524	62 064	330	4 905
广　西		10 087	4 520	
海　南		19 400		
重　庆		80		
四　川				
贵　州				
云　南				
西　藏				
陕　西				
甘　肃				
青　海				
宁　夏				
新　疆				

各地区用于加工的水产品量

单位：吨

地　区	用于加工的水产品量	其　中	
		淡水产品	海水产品
全国总计	**18 221 834**	**3 936 376**	**14 285 458**
北　京	3 072	948	2 124
天　津	1 503	613	890
河　北	423 632	14 529	409 103
山　西			
内蒙古	6 246	6 246	
辽　宁	3 452 136	42 208	3 409 928
吉　林	27 990	27 990	
黑龙江	10 214	10 214	
上　海	157 453	10 225	147 228
江　苏	1 129 554	504 798	624 756
浙　江	2 365 094	149 634	2 215 460
安　徽	104 454	104 454	
福　建	2 516 210	242 765	2 273 445
江　西	374 185	374 185	
山　东	3 111 564	93 486	3 018 078
河　南	39 961	39 961	
湖　北	957 467	957 467	
湖　南	98 917	98 917	
广　东	2 152 601	714 112	1 438 489
广　西	515 289	119 481	395 808
海　南	735 808	385 659	350 149
重　庆	780	780	
四　川	6 202	6 202	
贵　州	2 063	2 063	
云　南	27 144	27 144	
西　藏			
陕　西			
甘　肃			
青　海			
宁　夏			
新　疆	2 295	2 295	

各地区水产加工企业、冷库基本情况

地　区	水产加工企业			水产冷库			
	小计（个）	水产加工能力（吨/年）	其中：规模以上加工企业（个）	数量（座）	冻结能力（吨/日）	冷藏能力（吨/次）	制冰能力（吨/日）
全国总计	**9 635**	**22 091 650**	**2 558**	**7 548**	**499 686**	**3 603 577**	**212 662**
北　京	5	5 545		218	59	26 620	129
天　津	5	1 965		17	232	200 945	42
河　北	266	490 848	24	238	5 998	55 107	4 512
山　西							
内蒙古	27	4 910	17	28	354	2 364	251
辽　宁	833	2 416 698	343	654	106 369	601 023	17 070
吉　林	19	22 307		27	155	1 130	2
黑龙江	27	4 400		20	320	2 980	66
上　海	30	49 450	6	52	1 031	21 527	434
江　苏	947	1 130 159	267	907	27 637	145 566	19 403
浙　江	2 133	2 457 284	359	1 340	33 173	708 655	30 265
安　徽	93	122 099	52	318	7 835	19 099	1 358
福　建	1 202	2 190 939	425	667	13 971	284 155	15 550
江　西	137	163 520	43	136	1 333	5 390	730
山　东	1 881	6 474 838	616	1 751	209 922	1 100 717	79 520
河　南	33	42 459	6	58	741	7 285	110
湖　北	205	876 520	118	231	46 904	58 413	14 081
湖　南	97	68 749	35	80	4 977	36 775	1 672
广　东	1 173	4 270 394	139	550	20 381	245 625	14 219
广　西	212	325 592	47	51	2 041	38 883	2 665
海　南	237	880 078	52	130	3 639	30 686	10 451
重　庆	3	280	1	7	12 015	5 010	26
四　川	6	28 800	3	5	90	460	13
贵　州	7	640		7	23	370	21
云　南	33	37 096	3	24	241	2 560	22
西　藏							
陕　西	16	23 800		2	35	32	50
甘　肃							
青　海	3	330		1			
宁　夏							
新　疆	5	1 950	2	29	210	2 200	

4-2 水产品贸易

各地区水产品进出口贸易情况

地区	2009年进出口		2008年进出口		2009年比2008年增减（±）			
					绝对量		幅度（%）	
	金额（万美元）	数量（吨）	金额（万美元）	数量（吨）	金额（万美元）	数量（吨）	金额	数量
全国总计	**1 605 991.05**	**6 705 449**	**1 608 020.61**	**6 875 485**	**−2 029.56**	**−170 036**	**−0.13**	**−2.47**
北京	14 382.61	97 241	12 625.38	102 436	1 757.23	−5 194	13.92	−5.07
天津	21 506.81	144 289	21 457.26	166 120	49.55	−21 831	0.23	−13.14
河北	10 737.29	26 308	9 844.14	21 983	893.14	4 325	9.07	19.68
山西	0.74	5	7.55	25	−6.81	−20	−90.18	−79.89
内蒙古	32.81	105	204.24	671	−171.43	−566	−83.94	−84.34
辽宁	265 653.85	1 238 279	261 598.66	1 257 821	4 055.19	−19 542	1.55	−1.55
吉林	13 801.39	91 758	12 981.88	73 685	819.52	18 073	6.31	24.53
黑龙江	294.79	539	439.96	942	−145.17	−403	−33.00	−42.82
上海	38 392.74	149 439	40 430.60	187 406	−2 037.85	−37 967	−5.04	−20.26
江苏	30 517.18	96 597	31 996.18	96 950	−1 478.99	−352	−4.62	−0.36
浙江	143 162.06	558 623	166 803.11	666 676	−23 641.05	−108 053	−14.17	−16.21
安徽	5 073.94	38 557	5 947.25	43 812	−873.31	−5 255	−14.68	−11.99
福建	198 448.55	837 222	163 753.41	783 424	34 695.14	53 799	21.19	6.87
江西	13 480.66	15 576	9 489.66	11 920	3 990.99	3 656	42.06	30.67
山东	529 606.09	2 077 040	566 547.29	2 276 822	−36 941.21	−199 782	−6.52	−8.77
河南	680.36	1 073	445.73	744	234.63	330	52.64	44.36
湖北	12 862.55	24 039	9 836.72	21 038	3 025.83	3 000	30.76	14.26
湖南	2 204.30	11 655	2 656.77	18 195	−452.47	−6 540	−17.03	−35.94
广东	237 839.37	992 972	222 083.80	870 243	15 755.57	122 729	7.09	14.10
广西	16 128.05	56 673	15 831.89	55 746	296.16	927	1.87	1.66
海南	37 694.89	116 045	42 181.10	111 866	−4 486.21	4 180	−10.64	3.74
重庆	548.62	6 457	168.19	2 071	380.43	4 386	226.18	211.73
四川	4 144.28	41 954	4 041.15	40 388	103.13	1 565	2.55	3.88
贵州			0.95		−0.95		−100.00	−100.00
云南	7 982.33	77 910	5 668.57	58 729	2 313.76	19 180	40.82	32.66
西藏	3.13	13			3.13	13		
陕西	471.31	3 668	756.46	4 713	−285.15	−1 045	−37.70	−22.17
甘肃			0.04		−0.04		−100.00	−100.00
青海	66.65	107	63.88	167	2.77	−60	4.34	−35.88
宁夏	30.86	206	4.62	46	26.23	159	567.28	344.85
新疆	242.84	1 098	154.16	845	88.67	253	57.52	30.00

各地区水产品出口贸易情况

地　区	2009 年出口		2008 年出口		2009 年比 2008 年增减（±）			
					绝对量		幅度（%）	
	金额（万美元）	数量（吨）	金额（万美元）	数量（吨）	金额（万美元）	数量（吨）	金额	数量
全国总计	**1 079 543.17**	**2 965 139**	**1 067 432.14**	**2 985 590**	**12 111.03**	**−20 451**	**1.13**	**−0.68**
北　京	257.85	337	236.58	382	21.27	−46	8.99	−11.94
天　津	3 653.00	5 968	4 042.79	6 939	−389.80	−971	−9.64	−13.99
河　北	10 412.30	25 523	9 601.89	20 498	810.40	5 025	8.44	24.52
山　西	0.74	5	2.54	5	−1.80		−70.84	0.70
内蒙古	13.30	14			13.30	14		
辽　宁	158 592.28	515 497	162 503.13	558 231	−3 910.84	−42 734	−2.41	−7.66
吉　林	5 010.92	10 317	5 800.04	11 676	−789.12	−1 359	−13.61	−11.64
黑龙江	60.91	243	66.34	142	−5.43	100	−8.18	70.41
上　海	9 235.69	13 720	12 724.77	26 018	−3 489.08	−12 298	−27.42	−47.27
江　苏	23 932.45	54 028	23 574.15	54 767	358.31	−740	1.52	−1.35
浙　江	127 576.13	419 027	142 648.23	445 511	−15 072.10	−26 483	−10.57	−5.94
安　徽	1 755.67	3 218	2 084.46	3 616	−328.80	−398	−15.77	−11.02
福　建	152 838.69	399 088	116 445.54	293 219	36 393.15	105 869	31.25	36.11
江　西	12 894.11	10 741	8 972.08	10 282	3 922.02	459	43.71	4.46
山　东	337 418.66	923 045	349 618.61	1 004 790	−12 199.94	−81 744	−3.49	−8.14
河　南	668.36	912	444.48	742	223.89	169	50.37	22.81
湖　北	12 743.25	23 122	9 643.37	19 372	3 099.88	3 750	32.15	19.36
湖　南	1 383.98	2 910	1 391.35	3 828	−7.37	−917	−0.53	−23.97
广　东	169 507.04	396 405	162 269.00	380 635	7 238.05	15 770	4.46	4.14
广　西	15 226.09	48 165	14 217.65	35 098	1 008.44	13 068	7.09	37.23
海　南	35 998.08	111 695	40 881.16	109 255	−4 883.09	2 440	−11.94	2.23
重　庆	1.13	1	21.28	207	−20.15	−207	−94.70	−99.72
四　川	77.69	267	76.35	39	1.34	227	1.75	578.33
贵　州								
云　南	176.28	687	81.75	203	94.53	483	115.63	238.02
西　藏								
陕　西	0.13		18.82	11	−18.70	−11	−99.34	−99.07
甘　肃								
青　海	65.79	68	61.18	83	4.61	−15	7.53	−18.19
宁　夏								
新　疆	42.66	138	4.59	42	38.07	96	829.47	229.28

各地区水产品进口贸易情况

地　区	2009 年进口		2008 年进口		2009 年比 2008 年增减（±）			
					绝对量		幅度（%）	
	金额（万美元）	数量（吨）	金额（万美元）	数量（吨）	金额（万美元）	数量（吨）	金额	数量
全国总计	**526 447.88**	**3 740 310**	**540 588.47**	**3 889 895**	**−14 140.59**	**−149 585**	**−2.62**	**−3.85**
北　京	14 124.76	96 904	12 388.80	102 053	1 735.97	−5 149	14.01	−5.05
天　津	17 853.81	138 321	17 414.47	159 181	439.35	−20 861	2.52	−13.10
河　北	324.99	785	242.25	1 485	82.74	−700	34.15	−47.12
山　西			5.01	20	−5.01	−20	−100.00	−100.00
内蒙古	19.51	91	204.24	671	−184.73	−580	−90.45	−86.42
辽　宁	107 061.57	722 781	99 095.54	699 590	7 966.03	23 192	8.04	3.32
吉　林	8 790.47	81 442	7 181.84	62 010	1 608.64	19 432	22.40	31.34
黑龙江	233.88	296	373.63	800	−139.74	−504	−37.40	−62.98
上　海	29 157.05	135 719	27 705.83	161 388	1 451.23	−25 669	5.24	−15.91
江　苏	6 584.73	42 570	8 422.03	42 182	−1 837.30	387	−21.82	0.92
浙　江	15 585.93	139 596	24 154.88	221 166	−8 568.95	−81 570	−35.48	−36.88
安　徽	3 318.27	35 340	3 862.78	40 196	−544.51	−4 856	−14.10	−12.08
福　建	45 609.87	438 134	47 307.87	490 205	−1 698.00	−52 071	−3.59	−10.62
江　西	586.55	4 836	517.58	1 638	68.97	3 198	13.33	195.22
山　东	192 187.42	1 153 995	216 928.68	1 272 033	−24 741.26	−118 038	−11.41	−9.28
河　南	11.99	162	1.25	1	10.74	161	858.53	14 229.96
湖　北	119.30	916	193.35	1 667	−74.04	−750	−38.30	−45.03
湖　南	820.32	8 745	1 265.42	14 367	−445.10	−5 622	−35.17	−39.13
广　东	68 332.32	596 567	59 814.80	489 608	8 517.52	106 959	14.24	21.85
广　西	901.96	8 508	1 614.24	20 648	−712.28	−12 141	−44.12	−58.80
海　南	1 696.81	4 351	1 299.94	2 611	396.87	1 740	30.53	66.66
重　庆	547.49	6 457	146.91	1 864	400.58	4 593	272.66	246.37
四　川	4 066.59	41 687	3 964.80	40 349	101.80	1 338	2.57	3.32
贵　州			0.95		−0.95		−100.00	−100.00
云　南	7 806.05	77 223	5 586.82	58 526	2 219.23	18 697	39.72	31.95
西　藏	3.13	13			3.13	13		
陕　西	471.19	3 667	737.64	4 702	−266.45	−1 034	−36.12	−22.00
甘　肃			0.04		−0.04		−100.00	−100.00
青　海	0.86	39	2.70	84	−1.84	−45	−68.17	−53.36
宁　夏	30.86	206	4.62	46	26.23	159	567.28	344.85
新　疆	200.17	960	149.57	803	50.60	157	33.83	19.58

第五部分　渔政管理

各地区渔政管理机构情况（按机构性质分）

单位：个

地　区	渔业执法机构	其　中				
		行政单位	参照《公务员法》管理单位	依照公务员制度管理单位	事业单位	其他性质单位
全国总计	**2 896**	**483**	**497**	**203**	**1 691**	**22**
部直属	5		5			
北　京	15	4	1		10	
天　津	14	2	5	6	1	
河　北	103	20	6	5	72	
山　西	68	34			34	
内蒙古	106	6	29	1	69	1
辽　宁	92	11	22	8	49	2
吉　林	62	1	4	4	52	1
黑龙江	109	24	24	31	30	
上　海	12		1		11	
江　苏	123	6	12	20	85	
浙　江	110	3	11	17	79	
安　徽	133	31	6	4	92	
福　建	85		61		24	
江　西	118	7	24		85	2
山　东	180	30	31	2	117	
河　南	178	72	4	6	96	
湖　北	118	9	18	6	85	
湖　南	130	2	40	33	54	1
广　东	102	78	10	6	8	
广　西	99	3	74		21	1
海　南	36	1	3	1	30	1
重　庆	40	2	19	2	17	
四　川	207	36	23	8	139	1
贵　州	99	10	5		83	1
云　南	157	19	10	6	122	
西　藏	8	8				
陕　西	101	12	8		78	3
甘　肃	80	10	11	6	53	
青　海	23	3	5	5	10	
宁　夏	22	17			4	1
新　疆	47	2	13	23	8	1
大　连	38	1	3		34	
青　岛	15	2	2		11	
宁　波	12		1	1	10	
厦　门	6	1	4		1	
深　圳	4	4				
新疆兵团	39	12	2	2	17	6

各地区渔政管理机构情况（按执法业务类型分）

单位：个

地区	渔政	渔监	船检	渔政渔监船检综合执法	渔政与农业执法单位合署	渔政与水产研究或推广单位合署	渔政与渔业生产单位合署
全国总计	**1 394**	**26**	**41**	**822**	**105**	**462**	**46**
部直属	1		1	3			
北京	14			1			
天津	11			3			
河北	51		1	18	15	18	
山西	57			6		5	
内蒙古	26		1	36	7	35	1
辽宁	53	8	5	1		24	1
吉林	3			46		13	
黑龙江	69		2	33		5	
上海	7			2	2	1	
江苏	44		1	64	1	11	2
浙江	35		13	47	7	7	1
安徽	45	1	3	56	1	27	
福建	52			20	2	10	1
江西	47	1		24	18	26	2
山东	128	1		35	2	13	1
河南	123	2		30		22	1
湖北	19			94	4	1	
湖南	98	1		21		8	2
广东	30			68	2	1	1
广西	31			46		18	4
海南	19		4	12	1		
重庆	4			25	5	6	
四川	125	1	1	45	9	24	2
贵州	32			22	1	44	
云南	44			24	10	66	13
西藏	8						
陕西	43			4	3	46	5
甘肃	50	1		3	4	21	1
青海	11			5	6		1
宁夏	18					3	1
新疆	42			2	1	2	
大连	9	9	8	10		2	
青岛	8	1		6			
宁波	3		1	6	2		
厦门	3			1	2		
深圳	1			3			
新疆兵团	30					3	6

各地区渔政管理人员情况

单位：人

地区	现有人数合计	按教育水平分				持渔业行政执法证人数
		大学本科以上	大学本科	大学专科	大学专科以下	
全国总计	**35 093**	**333**	**8 301**	**15 022**	**11 437**	**25 429**
部直属	865	40	278	251	296	517
北京	152	6	75	55	16	147
天津	215	2	81	72	60	133
河北	995	7	263	447	278	928
山西	400	2	81	175	142	204
内蒙古	1 180	5	290	537	348	746
辽宁	1 605	31	414	759	401	1 349
吉林	668	11	179	324	154	581
黑龙江	1 059	9	343	506	201	706
上海	311	11	111	108	81	273
江苏	2 280	18	545	955	762	1 674
浙江	2 024	16	539	924	545	1 601
安徽	1 344	8	247	588	501	850
福建	1 052	2	272	355	423	785
江西	1 024	16	213	416	379	838
山东	2 667	14	760	1 070	823	2 161
河南	1 662	11	287	729	635	972
湖北	2 031	9	241	1 059	722	1 359
湖南	1 250	9	190	575	476	832
广东	2 096	23	525	762	786	1 551
广西	893	1	186	413	293	733
海南	745	4	101	221	419	415
重庆	386	7	120	171	88	298
四川	1 650	9	354	811	476	1 311
贵州	586	2	110	345	129	446
云南	1 288	7	268	613	400	1 077
西藏	25	1	13	6	5	15
陕西	1 628	4	220	540	864	905
甘肃	678	10	191	281	196	319
青海	212	3	70	91	48	199
宁夏	172	4	81	73	14	118
新疆	321	2	80	144	95	269
大连	614	7	195	363	49	557
青岛	281	2	126	74	79	130
宁波	227	6	97	69	55	86
厦门	209	5	65	54	85	200
深圳	125	8	48	34	35	68
新疆兵团	173	1	42	52	78	76

第六部分　科技与推广

6－1 科技

全国渔业科技基本情况

1. 渔业科研机构个数	118	（2）生产经营收入	41 894
2. 渔业科研机构从业人员（人）	6 751	（3）其他收入	145 689
（1）科技活动人员	4 713	**4. 科研机构资产负债情况**（千元）	
按职称分：高级职称	1 376	（1）资产合计	3 224 163
中级职称	1 372	流动资产	1 618 229
初级职称	1 270	固定资产	1 398 426
其他	695	其中：科研房屋建筑	576 542
按学历分：研究生	891	科研仪器设备图书	556 212
大学	1 852	其他	265 672
大专	1 051	无形资产	60 283
其他	919	对外投资	147 225
（2）生产经营活动人员	1 076	（2）负债合计	1 204 884
（3）其他人员	962	**5. 科技著述和专利申请情况**	
3. 本年度收入（千元）	1 245 197	发表科技论文（篇）	1 934
（1）科技活动收入	1 057 614	国外发表	89
政府资金	969 047	出版科技著作（种）	52
其中：财政补助收入	572 856	专利受理数（件）	219
承担政府项目	355 313	专利授权（件）	78
其他	40 878	其中：发明专利	44
非政府资金	88 567		
技术性收入	83 310	拥有发明专利总数	277

6-2 技术推广

各地区水产技术推广机构情况

单位：个

地 区	数量		地（市）级站		县（市）级站		区域站		乡（镇）站	
	水产站	综合站	水产站	综合站	水产站	综合站	水产站	综合站	水产站	综合站
全国总计	**12 962**	**3 906**	**9 056**	**274**	**42**	**1 559**	**540**	**150**	**207**	**1 887**	**8 266**
北 京	28	10	18			9	1				17
天 津	61	19	42			12		6			42
河 北	215	90	125	11		69	72	7	19	1	34
山 西	106	67	39	9	1	31	4			26	34
内蒙古	105	81	24	10	2	48	22			22	
辽 宁	365	140	225	13		53	6	7		66	219
吉 林	60	27	33	7	2	19	31				
黑龙江	562	130	432	11		44	15	4	6	70	411
上 海	60	18	42			9	1			8	41
江 苏	1 031	153	878	13		64	12	7		68	866
浙 江	495	110	385	10		57	11	4	22	38	352
安 徽	644	156	488	13	4	71	14	7		64	470
福 建	798	200	598	8	1	75	3			116	594
江 西	1 002	260	742	10		90	6	34		125	736
山 东	951	388	563	15	1	112	15	2	6	258	541
河 南	251	113	138	17	1	78	43			17	94
湖 北	704	704		15		65		51		572	
湖 南	1 514	206	1 308	13	2	92	29		15	100	1 262
广 东	1 053	246	807	17	3	84	20	9	19	135	765
广 西	551	86	465	13	1	67	34			5	430
海 南	67	61	6	2		16				42	6
重 庆	361	36	325			24	15	11	2		308
四 川	827	133	694	11	7	76	50		115	45	522
贵 州	319	87	232	8	2	50	31			28	199
云 南	283	151	132	13	3	91	33			46	96
陕 西	150	79	71	10		68	22		3		46
甘 肃	80	42	38	5	8	35	27			1	3
青 海	16	6	10	1	3	4	7				
宁 夏	33	11	22	4	1	6	7				14
新 疆	29	29		9		17		1		1	
大 连	43	20	23			5	4			15	18
青 岛	98	16	82			8	1			7	81
宁 波	81	18	63			6	1			11	62
深 圳	4	3	1			2	1				
厦 门	8	3	5			2	2				3
新疆兵团	7	7		6							

各地区水产技术推广机构情况（一）

单位：个

地　区	行政单位						全额					
	小计	省级站	地级站	县级站	区域站	乡级站	小计	省级站	地级站	县级站	区域站	乡级站
全国总计	**96**		**5**	**30**		**61**	**8 826**	**35**	**272**	**1 839**	**244**	**6 436**
北　京							28	1		10		17
天　津							19	1		12	6	
河　北	17			2		15	152	2	9	105	16	20
山　西							82	1	6	34		41
内蒙古							73	1	11	60		1
辽　宁							211	1	12	58	4	136
吉　林							56	1	8	47		
黑龙江							548	1	10	59	10	468
上　海							52	1		10		41
江　苏							482	1	13	66	7	395
浙　江	3					3	380	1	10	66	20	283
安　徽							626	1	16	83	7	519
福　建	4					4	760	1	9	77		673
江　西							533	1	10	96	27	399
山　东	14			5		9	737	1	15	114	3	604
河　南	5			5			159	1	15	74		69
湖　北							494		10	25	33	426
湖　南	3		2	1			247	1	9	107		130
广　东	12			4		8	720	1	16	82	25	596
广　西	4			4			529	1	12	95		421
海　南	8			3		5	28		2	10		16
重　庆							337	1		38	11	287
四　川	19			4		15	551	1	18	113	72	347
贵　州							319	1	10	81		227
云　南	5		3	2			250	1	13	103		133
陕　西							144	1	10	84	3	46
甘　肃							78	1	11	62		4
青　海							15	1	3	11		
宁　夏							33	1	5	13		14
新　疆							23	1	7	15		
大　连							37	1		9		27
青　岛							52	1		8		43
宁　波	2					2	58	1		7		50
深　圳							2	1		1		
厦　门							8	1		4		3
新疆兵团							3	1	2			

各地区水产技术推广机构情况（二）

单位：个

地　区	差　额						自　收　自　支					
	小计	省级站	地级站	县级站	区域站	乡级站	小计	省级站	地级站	县级站	区域站	乡级站
全国总计	**2 667**	**1**	**23**	**160**	**80**	**2 403**	**1 373**	**1**	**16**	**70**	**33**	**1 253**
北　京												
天　津	8					8	34					34
河　北	28		2	26			18			8	10	
山　西	15		1			14	9		3	1		5
内蒙古	31		1	9		21	1			1		
辽　宁	32			1	3	28	122		1			121
吉　林	2			2			2		1	1		
黑龙江	1					1	13		1			12
上　海	6					6	2					2
江　苏	481			8		473	68			2		66
浙　江	68				6	62	44			2		42
安　徽	3		1			2	15			2		13
福　建	28			1		27	6					6
江　西	453				7	446	16					16
山　东	126		1	7	5	113	74			1		73
河　南	43		2	23		18	44		1	19		24
湖　北	196	1	4	27	18	146	14		1	13		
湖　南	543		4	13	3	523	721				12	709
广　东	235		2	9	3	221	86		2	9		75
广　西	16		2	2		12	2					2
海　南	15			2		13	16	1		1		14
重　庆	23				2	21	1			1		
四　川	242			5	33	204	15			4	10	1
贵　州												
云　南	28			19		9						
陕　西	4			4			2			2		
甘　肃	2		2									
青　海							1		1			
宁　夏												
新　疆	1		1				5		1	2	1	1
大　连							6					6
青　岛	15			1		14	31					31
宁　波	21					21						
深　圳	1			1			1			1		
厦　门												
新疆兵团							4		4			

各地区水产技术推广人员情况（一）

单位：人

地区	编制人数						实有人数					
	数量	省级站	地级站	县级站	区域站	乡站	数量	省级站	地级站	县级站	区域站	乡级站
全国总计	**37 954**	**1 247**	**3 522**	**14 513**	**1 248**	**17 360**	**36 947**	**1 224**	**3 445**	**14 915**	**1 173**	**16 135**
北　京	179	57		105		17	191	56		118		17
天　津	305	25		167	28	85	280	20		139	36	85
河　北	949	35	170	631	70	43	950	34	182	624	66	44
山　西	368	11	100	168		89	324	10	80	146		88
内蒙古	1 115	61	289	738		27	1103	70	281	725		27
辽　宁	1 006	32	158	286	37	493	1 065	32	161	300	31	541
吉　林	437	34	80	323			478	36	72	370		
黑龙江	1 336	26	100	384	29	797	1 313	25	93	417	25	753
上　海	319	50		161		108	288	50		154		84
江　苏	2 812	77	123	561	30	2 021	3 008	65	111	592	26	2 214
浙　江	1 270	34	81	366	58	731	1 126	47	69	322	50	638
安　徽	1 458	15	116	554	30	743	1 391	13	104	570	27	677
福　建	1 877	27	95	468		1 287	1 173	25	81	406		661
江　西	2 418	20	79	603	114	1 602	1 981	13	82	607	100	1 179
山　东	3 377	21	251	1 476	37	1 592	3 415	18	286	1 385	34	1 692
河　南	1 186	27	192	858		109	1 540	32	241	1 073		194
湖　北	1 710	25	202	599	161	723	2 418	44	221	763	192	1 198
湖　南	2 846	20	145	681	37	1 963	2 834	16	156	707	37	1 918
广　东	2 318	65	201	522	82	1 448	2 044	63	181	527	26	1 247
广　西	1 470	15	110	499		846	1 328	15	99	505		709
海　南	177		14	61		102	132	35	15	52		30
重　庆	723	38		295	24	366	723	37		273	19	394
四　川	2 831	10	181	1 008	489	1 143	2 339	9	150	894	483	803
贵　州	883	12	85	462		260	681	12	70	372		172
云　南	1 316	25	184	816		291	1 258	17	171	781		289
陕　西	1 157	109	169	822	11	46	1 524	86	182	1 199	11	46
甘　肃	704	120	193	378		13	656	94	173	380		9
青　海	150	20	47	83			146	20	47	79		
宁　夏	204	35	50	104		15	205	32	58	101		14
新　疆	251	76	83	80	11	1	231	73	63	84	10	1
大　连	242	35		72		135	231	34		74		123
青　岛	273	21		94		158	283	21		84		178
宁　波	173	7		63		103	173	7		62		104
深　圳	51	35		16			56	36		20		
厦　门	29	17		9		3	33	17		10		6
新疆兵团	34	10	24				26	10	16			

各地区水产技术推广人员情况（二）

单位：人

地区	技术人员						技术职称			文化程度		
	数量	省级站	地级站	县级站	区域站	乡级站	高级	中级	初级	大本及以上	大专	中专
全国总计	**26 435**	**845**	**2 523**	**10 722**	**785**	**11 560**	**2 111**	**8 757**	**14 095**	**6 820**	**11 690**	**9 988**
北　京	128	42		69		17	14	43	54	91	48	31
天　津	228	16		126	13	73	51	65	48	98	55	80
河　北	674	27	149	425	36	37	112	290	298	198	311	254
山　西	259	7	53	126		73	11	71	168	60	107	84
内蒙古	731	48	237	421		25	80	396	254	195	362	224
辽　宁	839	28	134	242	31	404	105	263	401	200	406	203
吉　林	394	24	60	310			47	141	171	94	216	146
黑龙江	799	21	70	279	16	413	82	405		940		25
上　海	246	50		129		67	32	98	113	95	78	55
江　苏	2 716	53	102	552	26	1 983	190	737	1 594	447	1 121	841
浙　江	892	31	62	282	44	473	98	330	421	344	350	182
安　徽	1 139	12	81	427	27	592	71	387	677	189	605	479
福　建	946	20	71	349		506	111	304	454	241	368	412
江　西	1 549	13	55	469	93	919	63	396	1 036	244	633	751
山　东	2 602	15	168	1 097	34	1 288	224	807	1 427	549	1 170	939
河　南	986	23	140	658		165	94	323	471	241	455	306
湖　北	1 118	34	179	447	114	344	49	292	777	182	485	1 024
湖　南	2 011	14	100	517	37	1 343	51	520	1 249	238	666	1 067
广　东	1 233	28	127	326	14	738	71	218	729	385	606	550
广　西	1 019	12	86	406		515	28	332	608	199	551	360
海　南	80	26	12	27		15	9	30	31	34	39	26
重　庆	495	15		216	11	253	53	154	295	136	301	164
四　川	1 635	8	111	673	282	561	159	663	813	291	714	687
贵　州	506	7	49	275		175	12	217	392	109	329	219
云　南	991	15	110	622		244	83	432	465	213	584	232
陕　西	754	36	126	592			47	289	457	161	402	305
甘　肃	397	28	100	264		5	31	147	210	132	228	122
青　海	83	10	22	51			20	46	17	48	50	27
宁　夏	167	26	50	83		8	16	75	73	74	94	30
新　疆	174	59	54	53	7	1	25	49	91	77	73	31
大　连	172	29		61		82	20	85	43	71	108	27
青　岛	258	21		78		159	17	59	154	101	113	58
宁　波	136	7		51		78	21	65	69	70	37	39
深　圳	28	17		11			5	11	12	44	6	3
厦　门	26	14		8		4	5	9	11	12	12	5
新疆兵团	24	9	15				4	8	12	17	7	

各地区水产技术推广机构经费情况（一）

单位：万元

地区	总计	人员经费					
		小计	省级站	地级站	县级站	区域站	乡级站
全国总计	**99 370.69**	**74 206.50**	**5 989.20**	**11 052.82**	**31 575.26**	**2 945.90**	**22 643.32**
北　京	1 142.10	855.40	456.90		347.50		51.00
天　津	807.90	656.70	110.50		482.70	4.00	59.50
河　北	2 156.81	1 863.38	97.38	572.40	1 039.10	80.10	74.40
山　西	334.90	282.20	112.20		123.50		46.50
内蒙古	5 001.30	3 660.00	211.80	1 520.70	1 833.90		93.60
辽　宁	2 397.66	1 575.96	157.00	510.30	523.90	46.50	338.26
吉　林	962.00	880.00	263.00	140.00	477.00		
黑龙江	2 411.61	1 981.63	143.70	315.58	723.63		798.72
上　海	3 284.45	1 782.93			1 493.93		289.00
江　苏	9 458.24	7 710.26	562.00	639.75	2 357.01	38.50	4 113.00
浙　江	8 029.13	4 238.63	116.75	481.06	1 508.92	180.40	1 951.50
安　徽	2 910.40	2 633.10	53.00	384.50	1 009.50	38.00	1 148.10
福　建	4 831.59	2 812.75	141.96	412.60	976.84		1 281.35
江　西	3 079.30	2 645.35	83.43	152.40	876.31	115.87	1 417.34
山　东	8 271.98	7 032.11	182.93	937.32	3 209.49	120.75	2 581.62
河　南	2 040.93	1 585.66	158.00	477.89	766.97		182.80
湖　北	5 501.00	4 187.00	74.00	402.00	796.00	1 534.00	1 381.00
湖　南	2 796.12	2 304.40	131.41	357.18	1 139.17	42.00	634.64
广　东	5 069.85	3 560.36	646.25	696.38	967.09	30.24	1 220.40
广　西	3 329.50	2 226.89	86.71	281.79	789.52		1 068.87
海　南	538.60	255.50	120.00	59.00	55.92		20.58
重　庆	1 459.14	1 055.31	99.10		571.41	18.50	366.30
四　川	4 417.62	3 665.81	32.50	410.35	1 568.00	672.04	982.92
贵　州	2 011.20	1 374.85	50.56	195.24	785.97		343.08
云　南	3 918.33	3 407.54	52.00	468.56	1 976.25		910.73
陕　西	3 800.70	3 469.80	238.80	620.00	2 544.00	15.00	52.00
甘　肃	2 196.10	1 743.35	176.00	629.72	912.07		25.56
青　海							
宁　夏	700.52	596.32	155.77	159.90	253.70		26.95
新　疆	766.00	416.00	235.00	98.00	73.00	10.00	
大　连	1 231.30	959.90	330.20		292.70		337.00
青　岛	1 241.36	1 056.36	115.50		485.26		455.60
宁　波	1 273.00	907.00	70.00		451.00		386.00
深　圳	1 155.00	504.00	394.00		110.00		
厦　门	774.05	262.05	203.05		54.00		5.00
新疆兵团	71.00	58.00	40.00	18.00			

各地区水产技术推广机构经费情况（二）

单位：万元

地 区	业务经费					
	小计	省级站	地级站	县级站	区域站	乡级站
全国总计	**25 136.10**	**9 624.21**	**4 568.91**	**7 444.70**	**439.60**	**3 058.68**
北 京	286.70	100.10		186.60		
天 津	151.20	72.00		70.20		9.00
河 北	293.43	80.78	83.00	97.85	29.80	2.00
山 西	52.70		37.00	14.90		0.80
内蒙古	1 341.30	486.00	481.60	354.20		19.50
辽 宁	821.60	466.40	254.20	84.20	2.00	14.80
吉 林	82.00	82.00				
黑龙江	429.98	90.00	208.34	131.64		
上 海	1 501.52	753.58		727.94		20.00
江 苏	1 747.98	258.00	146.10	585.78		758.10
浙 江	3 790.50	2 114.27	449.47	791.26	40.80	394.70
安 徽	277.30	65.00	64.60	106.00	1.30	40.40
福 建	2 018.84	695.88	602.15	455.70		265.11
江 西	433.95	40.00	70.00	215.55	2.20	106.20
山 东	1 239.87	462.07	113.78	371.62	1.50	290.90
河 南	455.27	117.00	206.50	128.47		3.30
湖 北	1 314.00		222.00	317.00	328.00	447.00
湖 南	491.72	104.86	58.15	177.61	18.00	133.10
广 东	1 509.49	656.43	384.14	344.08	6.00	118.84
广 西	1 102.67	840.14	117.86	120.86		23.81
海 南	283.10	228.00	45.60	9.50		
重 庆	405.83	93.40		257.43		55.00
四 川	751.81	160.00	183.33	264.68		143.80
贵 州	636.30	200.00	199.04	235.84		1.42
云 南	510.79	50.00	188.50	268.89		3.40
陕 西	330.90	31.90	197.00	102.00		
甘 肃	452.75	62.00	133.25	255.00		2.50
青 海						
宁 夏	104.20	4.40	50.30	49.50		
新 疆	350.00	40.00	60.00	240.00	10.00	
大 连	271.40	43.00		98.40		130.00
青 岛	185.00	100.00		73.00		12.00
宁 波	366.00	124.00		184.00		58.00
深 圳	651.00	543.00		108.00		
厦 门	482.00	460.00		17.00		5.00
新疆兵团	13.00		13.00			

各地区水产技术推广机构培训、宣传情况

地　区	渔民技术培训		自身再教育、培训(人·次)		渔业公共信息服务				
	期数（期）	人数（人·次）	业务培训	学历教育	网站（个）	手机信息用户（户）	电话热线（条）	期刊（期）	资料（份）
全国总计	**35 978**	**2 581 987**	**61 887**	**7 225**	**1 720**	**428 727**	**73 030**	**17 373**	**8 036 320**
北　京	368	14 917	1 086	122	5	1 829	715	144	33 610
天　津	128	11 733	566	77	4	1 958	32	172	30 590
河　北	520	37 379	4739	394	18	2 688	391	669	97 574
山　西	47	2 114	136	18	2	36	73	246	35 210
内蒙古	137	9 415	927	134	8	322	129	156	29 544
辽　宁	383	47 877	1 181	82	16	6 139	91	129	118 208
吉　林	45	1 700	26	1	1		58	6	2 400
黑龙江	161	7 546	326	34			4 775	2	26 550
上　海	376	58 113	251	13	6	184	742	57	29 908
江　苏	3 994	332 623	13 527	906	89	84 334	12 120	3 592	1 025 264
浙　江	803	59 560	1 448	81	66	57 771	647	263	170 378
安　徽	1 572	172 114	1 174	143	25	20 792	300	1 128	437 950
福　建	816	49 644	1 266	133	10	3 848	196	269	177 619
江　西	1 193	90 750	1 366	193	26	8 097	270	318	288 592
山　东	2 292	214 268	5 887	743	47	24 545	510	1 276	462 450
河　南	881	91 476	3 420	271	15	15 921	16 841	1 217	238 482
湖　北	10 935	496 060	1 772	86	17	25 500	704	4 822	1 941 703
湖　南	1 407	148 596	1 703	485	38	39 805	8 797	239	682 896
广　东	1 028	84 249	1 429	165	27	21 196	1 536	464	409 498
广　西	1 818	117 206	1 770	253	4	2 462	1 010	63	427 446
海　南	1 129	31 685	1 740	1	2	2 396	20	614	49 983
重　庆	651	73 564	997	83	34	51 515	2 284	269	268 290
四　川	2 671	232 944	7 064	1 789	1 206	5 055	9 703	768	540 457
贵　州	574	53 980	2 003	292	11	556	1 080	68	116 141
云　南	919	70 967	1 753	85	13	16 099	4 141	77	130 913
陕　西	115	6 087	637	140	10	530	121	65	44 559
甘　肃	174	5 914	1 714	66		759	945	81	43 600
青　海	10	332	37	5	1	25	2	20	550
宁　夏	455	27 015	224	52	4	1812	374	57	28 851
新　疆	32	1 508	186	23		9	30	38	2 442
大　连	76	10 673	330	34	6	1 758	63	64	74 850
青　岛	99	9 460	748	102	3	146	3 850		54 970
宁　波	118	7 668	129	37	3	30 520	475	18	8 500
深　圳	10	617	286	179	3	120	3	2	4 707
厦　门	35	1 993	27	3			1		1 635
新疆兵团	6	240	12				1		

第七部分 灾　害

各地区渔业灾情造成的经济损失（一）

单位：万元

地　区	1. 水产品损失					
	小计	台风、洪涝	病害	干旱	污染	其他
全国总计	**1 267 503.82**	**450 388.77**	**344 751.59**	**176 848.85**	**99 558.99**	**195 955.62**
北　京	87.00		61.00	26.00		
天　津	1 461.00		1 081.00		380.00	
河　北	15 073.59	19.20	1 923.23	1 936.30	621.50	10 573.36
山　西	1 030.00	10.00	204.00	65.00	18.00	733.00
内蒙古	5 531.80	393.00	55.00	5 083.80		
辽　宁	51 794.00	13 306.00	28 652.00	6 372.00	2 429.00	1 035.00
吉　林	2 095.46		74.70	1 658.70	74.70	287.36
黑龙江	364.00					364.00
上　海	2 436.00		2 344.00		92.00	
江　苏	60 794.00	12 056.00	31 741.00	3 315.00	11 977.00	1 705.00
浙　江	78 724.00	36 629.00	34 119.00	85.00	2 642.00	5 249.00
安　徽	82 716.98	43 972.76	9 836.46	3 575.93	7 490.76	17 841.07
福　建	119 985.00	28 806.00	39 222.00	21 840.00	14 970.00	15 147.00
江　西	118 617.00	16 915.00	26 744.00	40 919.00	2 462.00	31 577.00
山　东	64 457.20	6 386.00	13 505.38	4 424.82	38 776.00	1 365.00
河　南	6 490.00	257.00	2 603.00	2 748.00	287.00	595.00
湖　北	102 590.00	24 522.00	47 777.00	8 101.00	5 701.00	16 489.00
湖　南	102 786.41	26 842.20	12 447.18	48 361.13	984.40	14 151.50
广　东	260 356.46	117 195.03	70 345.82	10 982.56	6 273.37	55 559.68
广　西	42 741.42	22 724.08	4 437.75	4 052.16	1 910.91	9 616.52
海　南	81 839.11	75 195.60	4 090.51	107.00	220.00	2 226.00
重　庆	17 444.47	10 622.10	5 128.09	710.78	346.50	637.00
四　川	30 031.50	12 570.20	2 464.10	7 529.22	547.52	6 920.46
贵　州	2 120.00	125.00	195.00	791.00	78.00	931.00
云　南	10 513.98	1 722.60	4 582.90	2 479.70	645.78	1 083.00
西　藏	120.00	120.00				
陕　西	1 268.25		277.60	107.00	290.00	593.65
甘　肃	219.47		183.62	1.65	14.20	20.00
青　海						
宁　夏	794.52		312.60			481.92
新　疆	3 021.20		343.65	1 576.10	327.35	774.10

各地区渔业灾情造成的经济损失（二）

单位：万元

地区	2.（台风、洪涝）损毁渔业设施							
	小计	池塘	网箱（鱼排）	围栏	沉船	船损	堤坝	泵站
全国总计	**255 212.44**	**111 606.89**	**32 993.55**	**11 461.56**	**6 687.50**	**4 095.66**	**41 183.10**	**805.07**
北 京								
天 津								
河 北	1 552.56	754.56	10.00		646.00			
山 西	227.30		100.00					
内蒙古	121.50						74.50	
辽 宁	11 372.00	2 582.00			850.00	128.00	373.00	
吉 林								
黑龙江								
上 海	110.00				30.00	10.00		
江 苏	8 415.00	2 437.00	250.00	983.00	49.00	58.00	711.00	45.00
浙 江	8 656.00	2 148.00	371.00	10.00	1 846.00	732.00	146.00	
安 徽	21 322.36	7 503.07	2 402.94	5 150.56	155.80	252.56	1 856.46	68.37
福 建	14 260.00	3 933.00	4 379.00	2.00	730.00	582.00	603.00	1.00
江 西	15 971.00	6 652.00	1 211.00	753.00	1.00	132.00	2 423.00	150.00
山 东	5 002.30	2 123.20	260.00	82.00	78.00	79.00	95.60	
河 南	103.00	82.00		21.00				
湖 北	30 451.00	14 158.00	4 897.00	2 892.00	3.00	153.00	3 401.00	342.00
湖 南	16 083.70	6 760.50	2 478.60	1 405.00	8.20	72.40	1 478.60	156.00
广 东	97 158.71	48 392.16	13 591.08	132.00	1 055.00	934.00	28 613.84	
广 西	5 761.53	3 866.23	791.93	6.00	1.00	11.00	850.37	
海 南	4 081.10	766.10	183.00		1 201.00	883.00	49.00	
重 庆	4 169.36	3 525.17	90.00	25.00	26.50	24.70	91.11	1.20
四 川	8 573.52	4 642.20	1 959.00			23.00	239.62	
贵 州								
云 南	1 169.20	759.20	19.00		7.00	21.00	151.00	40.00
西 藏	30.00							
陕 西	96.00	32.50					25.00	1.50
甘 肃	493.00	490.00					1.00	
青 海								
宁 夏								
新 疆	32.30							

各地区渔业灾情造成的经济损失（三）

单位：万元

地区	2.（台风、洪涝）损毁渔业设施（续）							直接经济损失合计
	涵闸	码头	护岸	防波堤	工厂化养殖	苗种繁育场	其他	
全国总计	**3 283.14**	**4 020.00**	**6 730.86**	**6 266.00**	**2 412.80**	**8 209.27**	**15 457.04**	**1 522 716.26**
北京								87.00
天津								1 461.00
河北						65.00	77.00	16 626.15
山西					15.80		111.50	1 257.30
内蒙古				47.00				5 653.30
辽宁	24.00	1 700.00	870.00	3 640.00		1 205.00		63 166.00
吉林								2 095.46
黑龙江								364.00
上海						70.00		2 546.00
江苏	43.00		748.00	75.00		152.00	2 864.00	69 209.00
浙江	2.00	499.00	472.00	195.00	40.00	121.00	2 074.00	87 380.00
安徽	511.64		520.36	25.00	210.00	490.60	2 175.00	104 039.34
福建	38.00	418.00	660.00	577.00	1 650.00	234.00	453.00	134 245.00
江西	269.00	55.00	903.00	556.00	285.00	893.00	1 688.00	134 588.00
山东		610.00	210.00	10.00	142.00	442.00	870.50	69 459.50
河南								6 593.00
湖北	937.00	459.00	1 203.00	287.00		1 719.00		133 041.00
湖南	306.00	29.00	216.00	99.00		301.40	2 773.00	118 870.11
广东	1 079.00	235.00	755.50	667.00		1 396.97	307.16	357 515.17
广西			31.00	20.00		50.00	134.00	48 502.95
海南	16.00	15.00	61.00	54.00		20.00	833.00	85 920.21
重庆	18.00		30.00	12.00	70.00	48.00	207.68	21 613.83
四川	1.50		46.00			969.00	693.20	38 605.02
贵州								2 120.00
云南	38.00		5.00				129.00	11 683.18
西藏							30.00	150.00
陕西							37.00	1 364.25
甘肃				2.00				712.47
青海								
宁夏								794.45
新疆						32.30		3 053.50

各地区渔业灾情造成的数量损失（一）

地 区	1. 养殖受灾面积（公顷）						2. 水产品损失（吨）		
	小计	台风、洪涝	病害	干旱	污染	其他	小计	台风、洪涝	病害
全国总计	**863 743**	**212 603**	**249 306**	**153 131**	**54 379**	**194 324**	**1 160 973**	**403 146**	**292 819**
北 京	7		3	4			79		55
天 津							996		836
河 北	13 876	5	1 414	968	177	11 312	32 950	19	1 241
山 西	363			33		330	1 120	6	205
内蒙古	24 522	620	126	23 776			2 668	230	35
辽 宁	7 856	1 139	2 509	2 086	787	1 335	32 165	1 554	17 234
吉 林	59 369		14 564	18 330	3 006	23 469	1 881		244
黑龙江	36					36	152		
上 海	1 427		1 348		79		1 452		1 255
江 苏	51 403	10 746	30 994	2 296	5 496	1 871	67 432	11 136	37 558
浙 江	39 202	19 957	15 932	57	1 441	1 815	48 344	22 007	19 124
安 徽	130 421	69 621	12 506	2 427	14 285	31 582	78 953	38 092	10 440
福 建	15 485	7 946	2 451	1 635	1 561	1 892	74 108	35 398	19 530
江 西	75 238	7 172	27 113	28 019	1 202	11 732	131 625	16 211	30 428
山 东	17 120	2 573	4 781	1 941	7 344	481	77 248	35 484	16 171
河 南	3 979	209	1 256	1 882	138	494	7 384	360	2 611
湖 北	138 731	21 252	70 900	6 775	13 742	26 062	113 880	27 796	49 200
湖 南	117 998	13 069	30 846	33 588	417	40 078	99 305	22 779	13 958
广 东	83 318	32 269	15 860	9 165	1 763	24 261	269 593	141 797	51 037
广 西	31 379	10 251	7 459	5 054	382	8 233	45 039	23 055	5 065
海 南	2 568	1 528	464	28	2	546	11 647	6 059	3 132
重 庆	7 485	4 150	2 784	261	92	198	16 541	10 056	4 550
四 川	18 742	8 697	1 872	4 454	333	3 386	28 828	10 120	2 449
贵 州	6 515	31	241	6 116	17	110	2 120	125	195
云 南	6 232	1 367	2 334	1 753	540	238	9 751	852	5 152
西 藏	1	1					10	10	
陕 西	535		105	12	210	208	1 545		261
甘 肃	18		11	3	4		157		126
青 海									
宁 夏	508		206			302	781		338
新 疆	9 409		1 227	2 468	1 361	4 353	3 219		389

各地区渔业灾情造成的数量损失（二）

地 区	2. 水产品损失（吨）（续）			3. （台风、洪涝）损毁渔业设施					
	干旱	污染	其他	池塘（公顷）	网箱（鱼排）（箱）	围栏（千米）	沉船（艘）	船损（艘）	堤坝（米）
全国总计	**174 610**	**82 031**	**208 367**	**68 656**	**122 033**	**173 540**	**486**	**3 647**	**504 172**
北 京	24								
天 津		160							
河 北	3 293	377	28 020	24	50		9		
山 西	100	30	779		300				
内蒙古	2 403								340
辽 宁	6 574	6 187	616	1 655			22	20	1 294
吉 林	1 243	88	306						
黑龙江			152						
上 海		197					1	4	
江 苏	2 620	13 491	2 627	2 227	2 281	10 170	52	74	9 339
浙 江	87	2 893	4 233	2 766	4 946	5	46	230	7 031
安 徽	4 136	8 536	17 749	8 285	37 732	2 691	72	189	72 156
福 建	6 720	7 430	5 030	2 111	10 105	1	100	456	7 949
江 西	49 770	2 557	32 659	9 027	8 558	129 310	1	167	147 348
山 东	2 785	21 139	1 669	1 517	1 122	21	14	77	2 150
河 南	3 274	397	742	40		150			
湖 北	11 011	6 229	19 644	12 146	20 662	30 812	1	237	93 122
湖 南	49 171	1 028	12 369	7 316	16 280	352	8	81	51 093
广 东	13 044	6 435	57 280	5 862	12 583	15	81	456	73 126
广 西	5 446	2 321	9 152	4 780	3 271	1	1	5	12 629
海 南	160	136	2 160	335	3 175		73	225	200
重 庆	708	370	857	1 547	82	12	4	16	11 506
四 川	7 848	594	7 817	4 148	860			20	8 624
贵 州	791	78	931	50					
云 南	1 924	683	1 140	4 798	26		1	1 390	6 020
西 藏									
陕 西	238	314	732	17					125
甘 肃	3	16	12	5					120
青 海									
宁 夏			443						
新 疆	1 237	345	1 248						

各地区渔业灾情造成的数量损失（三）

地　区	3. （台风、洪涝）损毁渔业设施（续）							4. 人员损失			
	泵站（座）	涵闸（座）	码头（米）	护岸（米）	防波堤（米）	工厂化养殖（座）	苗种繁育场（个）	小计	失踪（人）	死亡（人）	重伤（人）
全国总计	**355**	**1 630**	**8 290**	**152 344**	**77 382**	**177**	**284**	**240**	**58**	**115**	**64**
北　京											
天　津											
河　北							1	7	3	4	
山　西						3					
内蒙古					1 042						
辽　宁		4	1 900	3 270	10 290		18	68	26	42	
吉　林											
黑龙江											
上　海							1				
江　苏	27	75	1	8 020	2 662		6	17			16
浙　江		6	1 507	4 121	835	22	23	33	7	25	1
安　徽	43	118		16 466	8 200	9	22				
福　建	2	29	732	2 480	2 232	110	12	23	3	17	3
江　西	61	738	1 608	53 503	13 960	13	42	36			36
山　东			220	296	70	18	9	11	9	2	
河　南											
湖　北	90	357	1 145	35 767	9 858		41				
湖　南	67	140	954	14 240	19 040		32				
广　东		83	173	4 345	2 737		25	13	2	8	3
广　西				468	5 100		17				
海　南	30		50	168	145		2	25	7	13	5
重　庆	3	18		300	1 200	2	7	1		1	
四　川		3		6 900			24	2		2	
贵　州											
云　南	29	59		2 000				3	1		
西　藏								1		1	
陕　西	3										
甘　肃					11						
青　海											
宁　夏											
新　疆							2				

附 录

附录 1

水产品产量数据调整说明

一、根据第二次农业普查结果调整水产品产量数据情况。2006 年第二次全国农业普查结束后，按照国家统计局要求，农业部对 2006 年渔业统计数据进行了调整。调整以农普结果为依据，以各省（自治区、直辖市）2006 年的养殖单产水平、养殖结构为参考，综合测算各省（自治区、直辖市）水产品产量调减比例，核定 2006 年水产品产量为 4583.6 万吨。并以此为基数，参考渔业统计年报中各年度间的产量增减比例，对 1997—2006 年水产品产量数据进行了相应调整。

二、海洋捕捞产量与远洋渔业产量调整情况。在上述调整基础上，根据 2008 年开始执行的渔业统计指标体系（国统制［2008］27 号）中关于远洋渔业产量单列的要求，把 1986—2007 年海洋捕捞产量数据拆分为海洋捕捞产量和远洋渔业产量。

三、调整后的历史数据使用原则：

（1）2006 年之前年度数据比较，使用调整前数据；

（2）2006 年（含）之后年度与 1997—2006 年数据比较，使用调整后数据。

附录 2

调整后历年水产品产量对照表

单位：万吨

年份	调整前	调整后	其中				
			海洋捕捞	远洋渔业	海水养殖	淡水捕捞	淡水养殖
1986	935.76	935.76	430.22	1.99	150.08	58.32	295.15
1987	1 091.93	1 091.93	479.91	6.39	192.61	64.61	348.41
1988	1 225.32	1 225.32	504.66	9.64	249.29	71.98	389.75
1989	1 332.58	1 332.58	548.33	10.71	275.73	80.78	417.03
1990	1 427.26	1 427.26	594.40	17.09	284.22	85.64	445.91
1991	1 572.99	1 572.99	644.35	32.35	333.31	100.39	462.59
1992	1 824.46	1 824.46	720.84	46.43	424.31	99.09	533.79
1993	2 152.31	2 152.31	795.53	56.22	540.23	112.07	648.26
1994	2 515.69	2 515.69	925.61	68.83	604.80	126.79	789.66
1995	2 953.04	2 953.04	1 054.07	85.68	721.51	151.02	940.76
1996	3 280.72	3 280.72	1 152.99	92.65	765.89	175.43	1 093.76
1997	3 601.78	3 118.59	1 092.73	103.70	691.66	163.45	1 067.04
1998	3 906.65	3 382.66	1 201.25	91.31	751.99	197.51	1 140.60
1999	4 122.43	3 570.15	1 203.46	89.91	851.89	197.95	1 226.94
2000	4 278.99	3 706.23	1 189.43	86.52	927.96	193.44	1 308.88
2001	4 382.09	3 795.92	1 155.64	88.49	989.38	186.23	1 376.20
2002	4 565.18	3 954.86	1 128.34	109.64	1 060.47	194.71	1 461.69
2003	4 706.11	4 077.02	1 121.20	115.77	1 095.86	213.28	1 530.92
2004	4 901.77	4 246.57	1 108.08	145.11	1 151.29	209.60	1 632.49
2005	5 101.65	4 419.86	1 111.28	143.81	1 210.81	220.97	1 733.00
2006	5 290.40	4 583.60	1 136.40	109.07	1 264.16	220.38	1 853.59
2007		4 747.52	1 136.03	107.52	1 307.34	225.64	1 970.99
2008		4 895.59	1 149.63	108.33	1 340.32	224.82	2 072.49
2009		5 116.40	1 178.16	97.72	1 405.22	218.39	2 216.46

附录3

渔业统计指标解释

第一章 水产品产量

第1条 水产品特征及产量统计范围

水产品是指渔业（捕捞和养殖）生产活动的最终有效成果。水产品具有以下特征：

一、是渔业生产活动的成果。水产品既是渔业生产的劳动对象，也是渔业生产的劳动成果，它包括全部海淡水鱼类、甲壳类（虾、蟹）、贝类、藻类、头足类和其他类渔业产品。

二、是渔业生产活动的最终成果。渔业生产过程中的中间成果，如鱼苗、鱼种、亲鱼、转塘鱼、存塘鱼和自用作饵料的产品，不是最终成果，不能统计在水产品产量中。

三、是渔业生产活动的最终有效成果。水产品在上岸前已经腐烂变质，不能供人食用或加工成其他制品的，不统计在水产品产量中。

第2条 产量统计年度和统计者

一、年水产品产量按日历年度计算。即从每年1月1日至12月31日止已从养殖水域捕捞起水或者已从天然水域捕捞并已返航卸港的水产品均统计在年产量中，有的生产渔船在外地收港卸鱼或者在海上由收购船扒载收购的，也按到港计算产量。

二、水产品产量统计中，养殖产量按照水域所在地统计，国内捕捞产量按照渔船所属地统计，远洋渔业产量按照远洋渔业管理办法进行统计。

第3条 产量计量标准

除海蜇按三矾后的成品计量、各种藻类按干品计量外，其余各种水产品均按捕捞起水时鲜品实重（原始重量）计量。此外，供观赏的水生动物按个体计算。

第4条 养殖产量与捕捞产量划分原则

凡人工养殖并已起水的水产品数量为养殖产量，凡捕捞天然生长的水产品数量为捕捞产量。

一、凡是人工投放苗种（不包括灌江纳苗）并进行人工饲养管理的淡水养殖水域中捕捞的水产品产量计算为淡水养殖产量，否则为淡水捕捞产量。

二、凡是人工投放苗种或天然纳苗并进行人工饲养管理的海水养殖水域中捕捞的水产品产量计算为海水养殖产量，否则为海洋捕捞产量。

三、稻田养殖起水产品，也计算为淡水养殖产量。

第5条 水产品分类

分为海水产品和淡水产品两大类。

一、海水产品：包括海洋捕捞产品和海水养殖产品。其中，海洋捕捞产品产量不包括远洋渔业产量。

（一）海洋捕捞产品：海洋捕捞鱼类、甲壳类（虾、蟹）、贝类、头足类、藻类和其他类。

1. 海洋捕捞鱼类：海鳗、鳓鱼、鳀鱼、沙丁鱼、鲱鱼、石斑鱼、鲷、蓝圆鲹、白姑鱼、黄姑鱼、鮸鱼、大黄鱼、小黄鱼、梅童鱼、方头鱼、玉筋鱼、带鱼、金线鱼、梭鱼、鲐鱼、鲅鱼、金枪鱼、鲳鱼、马面鲀、竹荚鱼和鲻鱼等。

2. 甲壳类：虾和蟹。虾包括毛虾、对虾、鹰爪虾、虾蛄等。蟹包括梭子蟹、青蟹和蟳等。

3. 贝类：蛤、蛏、蚶和螺等。

4. 藻类：江蓠、石花菜和紫菜等。

5. 头足类：乌贼、鱿鱼和章鱼等。

6. 其他类：海蜇等。

（二）海水养殖产品：海水养殖鱼类、甲壳类（虾、蟹）、贝类、藻类、其他类。

1. 海水养殖鱼类：鲈鱼、鲆鱼、大黄鱼、军曹鱼、鰤鱼、鲷鱼、美国红鱼、河鲀、石斑鱼和鲽鱼等。

2. 海水养殖甲壳类：虾和蟹。虾包括南美白对虾、斑节对虾、中国对虾和日本对虾等。蟹包括梭子蟹和青蟹等。

3. 海水养殖贝类：牡蛎、鲍、螺、蚶、贻贝、江珧、扇贝、蛤和蛏等。

4. 海水养殖藻类：海带、裙带菜、紫菜、江蓠、麒麟菜、石花菜、羊栖菜和苔菜等。

5. 海水养殖其他类：海参、海胆、海水珍珠和海蜇等。

二、淡水产品：淡水养殖产品和淡水捕捞产品

（一）淡水养殖产品：淡水养殖鱼类、甲壳类（虾、蟹）、贝类、藻类和其他类产品。

1. 淡水养殖鱼类：鲟鱼、鳗鲡、青鱼、草鱼、鲢鱼、鳙鱼、鲤鱼、鲫鱼、鳊鲂、泥鳅、鲶鱼、鮰鱼、黄颡鱼、鲑鱼、鳟鱼、河鲀、短盖巨脂鲤、长吻鮠、黄鳝、鳜鱼、鲈鱼、乌鳢和罗非鱼等。

2. 淡水养殖甲壳类：虾和河蟹。虾，包括罗氏沼虾、青虾、克氏原螯虾和南美白对虾等。

3. 淡水养殖贝类：河蚌、螺、蚬等。

4. 淡水养殖藻类：螺旋藻。

5. 淡水养殖其他类产品：龟、鳖、蛙和珍珠等。

6. 观赏鱼统计按“条”计量，其重量不计入淡水养殖总产量。

（二）淡水捕捞产品：淡水捕捞鱼类、甲壳类（虾、蟹）、贝类、藻类和其他类。其他类中包括丰年虫等。

第 6 条　海洋捕捞产量（按海区、渔具分类）

海洋捕捞产量指国内海域捕捞产量，不包括远洋渔业产量。

一、按捕捞海域分捕捞产量。渤海、黄海、东海、南海区划分界线：

（一）渤海：东以辽宁老铁山西角经庙岛群岛至蓬莱角连线与黄海为界。

（二）黄海：南以长江口北角至韩国济州岛西南端连线与东海为界，东至朝鲜半岛与朝鲜海峡。

（三）东海：南以闽粤省界经东山岛南端至台湾省南端的猫鼻头连线与南海为界，东至对马海峡日本琉球群岛与我国台湾省。

（四）南海：东以巴士海峡、巴林塘海峡、菲律宾群岛与太平洋为界，南至加里曼丹，西临中南半岛及马来半岛。

二、按捕捞渔具分捕捞产量。

（一）拖网：单拖和双拖。

（二）围网：单船围网、双船围网和多船围网。

（三）刺网：定置刺网、漂流刺网、包围刺网和拖曳刺网。

（四）张网：单桩、双桩、多桩、单锚、双锚、船张、墙张和并列张网。

（五）钓具：漂流延绳钓、定置延绳钓、曳绳钓和垂钓（如鱿钓）。

（六）其他渔具：地拉网、敷网、抄网、掩罩、陷阱、耙刺、笼壶等类型。

第7条　海水养殖产量（按养殖水域分类）

一、海上养殖：在低潮位线以下从事海水养殖生产的。

二、滩涂养殖：在潮间带间从事海水养殖生产的。

三、其他养殖：在高潮位线以上从事海水养殖生产的。

第8条　淡水养殖产量（按养殖水域分类）

按养殖水面类型不同，分为：池塘、湖泊、水库、河沟、稻田及其他养殖方式。

第9条　部分养殖方式分类产量

一、普通网箱：网箱一般由合成纤维如尼龙、聚氯乙烯等网线编织而成，装置在网箱架上。普通网箱面积为数平方米至数十平方米。一般安置在港湾、沿岸、湖泊、水库和河沟等水域。

二、深水网箱：深水网箱是一种大型海水网箱，主要有重力式聚乙烯网箱、浮绳式网箱和碟形网箱3种类型，具有抗风浪性能。网箱水体为数百立方米至数千立方米。深水网箱一般安置在水深20米以下的海域。

三、工厂化：工厂化养殖即按工艺过程的连续性和流水性的原则，通过机械或自动化设备，对养殖水体进行水质和水温的控制，保持最适宜于鱼类生长和发育的生态条件，使鱼类的繁殖、苗种培育、商品鱼的养殖等各个环节能相互衔接，形成一个独自的生产体系，以进行无季节性的连续生产，达到高效率、高速度的养殖目的。

工厂化养殖具有能控制水温和水质的特点，因此既能延长生长期，又能高密度的饲养，从而大幅度缩短生产周期。同时可以根据需要，控制鱼类的繁殖时间和苗种规格，使整个养鱼生产程序流水作业化。

工厂化养殖一般有循环过滤式、温排水式、普通流水式及温静水式几种主要类型。各种形式均具有各自的特点。

第二章　水产养殖面积

水产养殖面积是指在报告期内实际用于养殖水产品的水面面积，包括海水养殖面积和淡水养殖面积。在报告期内养殖产品无论是否收获的养殖水面，均应列入统计面积中。但有些水面不投放苗种或投放少量苗种，只进行一般管理的，不统计为养殖面积。养殖面积法定计量单位为公顷。

第 10 条　海水养殖面积

指利用天然海域养殖水产品的水面面积。包括海上养殖、滩涂养殖、其他养殖。工厂化、深水网箱养殖不计入养殖面积。

第 11 条　淡水养殖面积

指在淡水水域养殖水产品的水面面积。包括池塘、湖泊、水库、河沟和其他养殖面积。工厂化、稻田养殖不计入养殖总面积。

第 12 条　养殖面积核算

一、海上、滩涂、池塘、湖泊、水库、河沟等养殖面积，按照实际使用的水面计算，计量单位为公顷。

二、普通网箱按照实际占用水面计算面积，计量单位为 m^2。

三、工厂化养殖：按照实际养殖水体的体积计算，计量单位为 m^3 水体。

四、深水网箱：按照实际占用水体的体积计算，计量单位为 m^3 水体。

五、在江河、湖泊、水库投放苗种或灌江纳苗、增殖放流的水域不统计面积；湖泊、水库、河沟虽有专人管理，或有苗种投放，但人工养殖水产品起捕量不足 30％的水面则不列入统计面积（其产量列入捕捞产量）。

第三章　渔业经济总产值和增加值

第 13 条　渔业经济总产值和增加值

指以货币表现的核算期内渔业经济活动的总产出和总成果。包括了全社会渔业、渔业工业和建筑业、渔业流通和服务业。

第 14 条　渔业产值和增加值

渔业产值是指以货币表现的核算期内捕捞和养殖水产品及水产苗种的总产出和总成果。具体包括人工养殖的水生动物和海藻的产值、天然水生动物的产值。即包括海洋捕捞、海水养殖、淡水捕捞、淡水养殖产品以及水产苗种的产出。其计算方法：水产品及苗种的产量分别乘其产品的现行价格。

渔业增加值是指以货币表现的核算期内全社会从事渔业捕捞和养殖生产所创造的最终产品的价值，其计算方法：渔业总产出扣除渔业中间投入。

产值和增加值的数据取自同级统计部门。

第 15 条　渔业工业和建筑业产值和增加值

渔业工业、建筑业产值和增加值是指以货币表现的核算期内全社会从事水产品加工业、渔用机具制造业、渔用饲料工业、渔药制造业、渔业建筑业等的产出和成果。

水产品加工业产值等于加工产品量乘以现行价格，其增加值采用食品加工业增加值率进行推算。

渔用机具制造业产值、增加值等于渔船渔机修造业、渔用绳网制造业和其他设备制造业的产值、增加值之和。其产值计算方法主要采用“工厂法”计算，增加值的计算方法采用统计部门“规模以上工业企业总产值表”中的相应指标增加值率进行推算。

渔用饲料工业产值主要采用“工厂法”，增加值是渔用饲料工业现行总产出乘以“规模以上”饲料工业现价增加值率。

渔用药物产值取自同级相关部门统计年报表中的有关数据，其增加值等于渔用药物总产出乘以“规模以上”生物制药业现价增加值率。

渔业建筑业产值计算方法是从建筑产品所有方的建筑工程造价角度入手，依据投资完成额计算，其增加值采用建筑业增加值率来推算。

第 16 条　渔业流通和服务业产值和增加值

渔业流通和服务业包括渔业流通业、渔业（仓储）运输业、休闲渔业、渔业文化教育、科学技术和信息等产值和增加值。

渔业流通业产值以营业额来计算，其增加值等于渔业流通业产值乘以批发零售贸易业现价增加值率进行推算。

渔业（仓储）运输业产值即营业收入，其增加值计算方法与建筑业相同。

休闲渔业产值包括有关涉渔的一切旅游服务业产值，以营业额计算，其增加值用旅游业增加值率进行推算。

渔业文化教育、科学技术和信息等产值及其增加值根据财政部门《一般预算支出决算明细表》和有关资料进行推算。

第 17 条　计算总产值的价格

按当年价格计算。

当年价格就是当年出售产品时的实际价格。水产品当年价格以各地渔业生产单位初次出售价格的平均价格为依据；工业产品以报告期内的产品出厂价格为当年价格。商业以零售价格为当年价格。

第四章　渔业船舶拥有量

第 18 条　渔业船舶

指在中华人民共和国从事渔业生产的船舶以及为渔业生产服务的船舶，按有无推进动力分为机动渔业船舶和非机动渔业船舶。按生产性质分为生产渔船和辅助渔船。

国内海洋捕捞渔业船舶转为远洋渔业船舶的当年，应纳入远洋渔业船舶统计范围，而不纳入国内渔船统计范围。

第 19 条　机动渔业船舶

指依靠本船主机动力来推进的渔业船舶，分为渔业生产船和渔业辅助船。

渔业生产船是直接从事渔业捕捞和养殖活动的船舶统称。从事捕捞业活动的渔船为捕捞船，从事养殖业活动的渔船为养殖船。捕捞船，按主机总功率分为：441 千瓦及以上、44.1 千瓦～441 千瓦、44.1 千瓦及以下三类；按船长分为：24 米以上、12～24 米、12 米以下；按作业方式分为拖网、围网、刺网、张网、钓业、其他共 6 类。有关解释请参照“第 6 条”的相关内容。

渔业辅助船是指从事各种加工、贮藏、运输、补给、渔业执法等渔业辅助活动的渔业船舶统称。包括：水产运销船、冷藏加工船、油船、供应船、科研调查船、教学实习船、渔港工程船、拖轮、驳船和渔业行政执法船等。其中捕捞辅助船指水产运销船、冷藏加工船、油船、供应船等为渔业捕捞生产提供服务的渔业船舶。钓业、围网等作业渔船中的子船纳入捕捞辅助船统计范围。

机动渔船的统计单位为艘、总吨、千瓦。

"艘"按船舶单元计算。子母式作业船应分别统计。

"总吨"按船舶全部容积计算，即每2.83立方米为1总吨。

"千瓦"按主机总功率计算。主机总功率是指所有用于推进的发动机持续功率总和，1马力等于0.735千瓦。对经过增压的发动机，应按增压后的功率计算。

第20条　非机动渔船

指无配置机械动力的渔船，依靠人力、风力、水力或其他船只带动的渔业船舶，如风帆船、手摇船等。

第五章　渔 业 灾 情

第21条　渔业灾情

渔业灾情是指由于遭受台风（洪涝）、病害、干旱、污染和其他灾害而造成水产品产量减少、苗种损失、设施损毁、水域污染以及人员伤亡等情况。

水产品损失指由于灾害造成的水产品损失数量和金额。

受灾养殖面积指由于灾害造成水产品产量损失在10%以上的养殖面积。

渔业设施损毁指由于台风（洪涝）等造成池塘、网箱（鱼排）、围栏、渔船、堤坝、泵站、涵闸、码头、护岸、防波堤、工厂化养殖厂及苗种繁育场等损毁，从而造成渔业设施损毁的数量和金额。

人员损失指由于灾害而造成人员失踪、死亡和重伤的人数。

第六章　渔业人口与渔业从业人员

第22条　渔业乡、渔业村

在农村中，凡以渔业为主，从事渔业生产与经营的人员占全部从业人员50%以上或渔业产值占农业产值的比重50%以上的乡、村，即为渔业乡和渔业村；达不到上述标准但一直是以渔业经营为主，经上级主管部门批准定为渔业乡、村的，亦可统计为渔业乡和渔业村。

第23条　渔业户

指农（渔）村和城镇住户中主要从事渔业生产与经营的家庭。凡家庭主要劳动力或多数劳动力从事渔业生产与经营的时间占全年劳动时间50%（6个月）以上或渔业纯收入占家庭纯收入总额50%以上者均可统计为渔业户。

第24条　渔业人口

渔业人口指依靠渔业生产和相关活动维持生活的全部人口。包括实际从事渔业生产和相关活动的人口及其赡（抚）养的人口。具体包括：

一、直接从事渔业生产和相关活动的在业人口；

二、兼营渔业和其他非渔业劳动者中，凡从事渔业生产和相关活动的时间全年累计达到或超过3个月者，或者虽全年累计不足3个月，但渔业纯收入占纯收入总额比重超过50%者；

三、由从事渔业生产和相关活动的人口赡（抚）养的人口。

四、在既有渔业劳动者又有非渔业劳动者的家庭中，根据渔业与非渔业纯收入比例分摊的被渔业劳动者赡（抚）养的人口。

渔业人口中的传统渔民：凡渔业乡、渔业村的渔业人口均可称为传统渔民。

第25条　渔业从业人员

渔业从业人员：全社会中16岁以上，有劳动能力，从事一定渔业劳动并取得劳动报酬或经营收入的人员。

渔业专业从业人员：全年从事渔业活动6个月以上或50%以上的生活来源依赖渔业活动的渔业从业人员。

渔业兼业从业人员：全年从事渔业活动3～6个月或20%～50%的生活来源依赖渔业活动的渔业从业人员。

渔业临时从业人员：全年从事渔业活动3个月以下或20%以下的生活来源依赖渔业活动的渔业从业人员。

第七章　远洋渔业

第26条　远洋渔业产量和远洋渔船

远洋渔业产量：由各远洋渔业企业和各生产单位按我国远洋渔业项目管理办法组织远洋渔船（队）在非我国管辖水域（外国专属经济区水域或公海）捕捞的水产品产量。中外合资、合作渔船捕捞的水产品只统计按协议应属于中方所有的部分。

远洋渔船：是指按上述办法、协议，在上述水域进行常年或季节性生产的渔船。

第八章　水产苗种

第27条　苗种

鱼苗：卵黄囊基本消失，鱼鳔充气，能平游主动摄食的子鱼，包括人工孵化和江河湖海港湾采捕的天然鱼苗。

鱼种：鱼苗经培育后，发育至全体鳞片，鳍条长全，外观具有成鱼基本特征的幼鱼，一般全长在1.7～23.3厘米。因出塘季节和培育期的不同，又俗称为夏花、冬片、春片、秋片、仔口和老口。

扣蟹：蟹苗经数次蜕皮变成外形接近蟹形的仔蟹，再经过4～5个月饲养，培育成每千克100～200只左右性腺未成熟的幼蟹。

第28条　苗种数量统计原则

由苗种孵化或育成的生产单位归属统计。购进或以其他方式取得的苗种，不再进行统计。

第九章　水产加工业

第 29 条　水产加工企业

水产加工企业：从事水产品保鲜（保活）、保藏和加工利用的企业。

规模以上企业：年主营业务收入 500 万元以上的水产加工企业。

水产品加工能力：年加工处理水产品的总量。

第 30 条　水产冷库

水产冷库是指主要用于水产品冻结、冷藏和制冰的场所，一般以低温冷藏库数作为冷库座数。

冷库的冻结能力、冷藏能力、制冰能力均指冷库年生产能力之数量。

第 31 条　水产加工品

水产加工品是指以水产品为原料，采用各种食品贮藏加工、水产综合利用技术和工艺所生产的产品，如冷冻冷藏品、腌制品、干制品、熏制品、罐头食品、各种生熟小包装食品以及鱼油、鱼肝油、多烯脂肪酸制剂、饲料鱼粉、藻胶、碘、贝壳工艺品等。

一、水产冷冻品

指为了保鲜，将水产品进行冷冻加工处理后得到的产品，包括冷冻品和冷冻加工品，但不包括商业冷藏品。

冷冻品泛指未改变其原始性状的粗加工产品，如冷冻全鱼、全虾等。

冷冻加工品是指采用各种生产技术和工艺，改变其原始性状、改善其风味后制成的产品，如冻鱼片、冻虾仁、冷冻烤鳗、冻鱼子等。

二、鱼糜制品及干腌制品

鱼糜制品是指将鱼（虾、蟹、贝等）肉（或冷冻鱼糜）绞碎经配料、擂溃成为稠而富有黏性的鱼肉浆（生鱼糜），再做成一定形状后进行水煮（油炸或焙烤烘干）等加热或干燥处理而制成的食品，如鱼糜、鱼香肠、鱼丸、鱼糕、鱼饼、鱼面、模拟蟹肉等。

干腌制品是指以水产品为原料，经脱水（烘干、烟熏、焙烤等）或添加腌制剂（盐、糖、酒、糟）制成具有保藏性和良好风味的产品，如烤鱼片、鱿鱼丝、鱼淞、虾皮、虾米、海珍干品；海蜇、腌鱼、烟熏鱼、糟鱼、醉虾蟹、醉泥螺、卤甲鱼、水生动植物调味品（虾蟹酱、蚝油、鱼酱油）等。

藻类加工品是指以海藻为原料，经加工处理制成具有保藏性和良好风味的方便食品，如海带结、干紫菜、调味裙带菜等。

三、水产罐制品

指以水产品为原料按照罐头工艺加工制成的产品，包括硬包装和软包装罐头，如鱼类罐头、虾贝类罐头等。

四、水产饲料

指用低值水产品及水产品加工废弃物（如鱼骨、内脏、虾壳）等为主要原料生产而成的饲料。

五、鱼油制品

指从鱼肉或鱼肝中提取油脂，并制成的产品，如粗鱼油、精鱼油、鱼肝油、深海鱼油等。

六、其他水产加工品

指除上述加工产品之外的加工品统称，如助剂和添加剂（蛋白胨、褐藻胶、碘、甘露醇、卡拉胶、琼胶等）、珍珠加工品、贝壳工艺品、鱼酒、鱼奶等。

第十章　渔民家庭当年收支情况调查

第 32 条　全年总收入

指调查期内被调查对象从各种来源渠道得到的收入总和。按收入的性质划分为家庭经营收入、工资性收入、财产性收入和转移性收入。

第 33 条　家庭经营收入

指渔民家庭以家庭为生产经营单位进行生产筹划和管理而获得的收入。包括出售水产品收入和家庭其他经营收入。

第 34 条　工资性收入

指渔民家庭成员受雇于单位或个人，靠出卖劳动而获得的收入。包括渔业行业收入和其他行业收入。

第 35 条　财产性收入

指金融资产或有形非生产性资产的所有者向其他机构单位提供资金或将有形非生产性资产供其支配，作为回报而从中获得的收入。包括息金收入、租金收入、土地或水面转包收入、土地征用补偿和其他财产性收入。

第 36 条　转移性收入

指渔民家庭或成员无须付出而获得的货物、服务、资金或资产所有权等，不包括无偿提供的用于固定资本形成的资金。一般情况下，指渔民家庭在二次分配中的所有收入。包括家庭非常住人口寄回或带回、亲友赠送、救抚金、生产补贴和其他转移性收入。

第 37 条　全年总支出

指渔民家庭全年用于生产、生活和再分配的全部支出。包括生产费用支出、税费支出、财产性支出、转移性支出、生活支出和其他支出等。

第 38 条　生产费用支出

包括家庭经营费用支出和购置生产性固定资产费用支出。

家庭经营费用支出：以渔民家庭为基本生产经营单位从事渔业生产经营活动而消费的商品和服务以及自产自用产品。包括渔业生产支出和其他家庭经营费用支出。渔业生产支出包括燃料费用、雇工费用、饲料费用、购买种苗费用、加冰费用、水电费用、固定资产折旧及修理费、承包或租用费及其他生产支出。

购置生产性固定资产支出：渔民家庭用于建造和购置生产性固定资产所支出的费用。渔民家庭购置的渔业固定资产，每年按一定比率提取折旧费，购置大型网具（按规定网具不列为固定资产）也按比例每年分摊计入渔业生产支出中。

第 39 条　税费支出

指渔民家庭以现金和实物形式缴纳的从事生产经营活动的各种税费支出。在已经进行税费改革的地区一般表现为农业税、特产税、两税附加、一事一议费和从事非渔业生产经营活动所缴纳的各种税费，还包括除按国家规定所收取的税费外，地方额外增加的各种费用；在未进行税费改革的地区一般表现为从事生产经营活动的各种税费、村提留、乡统筹和各种集资摊派费用。具体包括个体工商税、其他税、一事一议款、以资代劳款和其他付费。

第 40 条　财产性支出

为获得其他财产（包括无形资产）的使用权而支付的各种费用。

第 41 条　转移性支出

指渔民家庭和家庭成员没有获得而支出的货物、服务、资金或资产所有权等，不包括无偿提供的用于固定资本形成的资金。一般情况下，指渔民家庭二次分配中的所有支出。

第 42 条　生活支出

是指渔民家庭用于物质生活和精神生活方面的支出。包括食品、衣服、住房、燃料、日用品、保险、医疗服务、文化服务、交通通讯和旅游等方面的支出。

食物支出：指渔民家庭年内消费各类食品支出。包括主食、副食、其他食品、在外饮食以及食品加工费等支出。

第 43 条　其他支出

除上述各类支出以外的商品和服务支出。

第 44 条　全年纯收入和渔业纯收入

纯收入指渔民家庭当年从各种来源得到的总收入相应的扣除所发生的费用后的收入总和。纯收入主要用于再生产投入和当年生活消费支出，也可用于储蓄和各种非义务性支出。计算方法：

全年纯收入＝全年总收入－家庭经营费用支出－税费支出

渔业纯收入＝出售水产品收入＋从事渔业所获得的工资性收入－渔业生产支出－渔业固定资产折旧支出－渔业税费支出

第 45 条　家庭人口数

指全年经常在家或在家居住 6 个月以上，而且经济和生活与本户连成一体的人口。外出从业人员在外居住时间虽然在 6 个月以上，但收入主要带回家中，经济与本户连为一体，仍视为家庭常住人口；在家居住，生活和本户连成一体的国家职工、退休人员也为家庭常住人口。但是现役军人、中专及以上（走读生除外）的在校学生以及常年在外（不包括探亲、看病等）且已有稳定的职业与居住场所的外出从业人员，不当作家庭常住人口。

第 46 条　家庭专业从业人员数

指家庭人口中符合专业从业人员统计标准的人数。

第 47 条　渔民收入调查数核定

指为了校正选点调查过程中不可避免的偏差，使渔民收入数更具代表性而采取的一种办法。一般由省级渔业主管部门根据家庭调查数以及所掌握的全面或具有代表性的若干地区的渔民收入情况，由统计调查、生产业务和政研经管等部门共同研究核定。

图书在版编目（CIP）数据

中国渔业统计年鉴．2010/农业部渔业局编制．—北京：中国农业出版社，2010.8

ISBN 978－7－109－14862－8

Ⅰ.①中… Ⅱ.①农… Ⅲ.①渔业经济－统计资料－中国－2010－年鉴 Ⅳ.①F326.4－66

中国版本图书馆 CIP 数据核字（2010）第 148853 号

中国农业出版社出版
（北京市朝阳区农展馆北路 2 号）
（邮政编码 100125）
责任编辑：丁福辉

中国农业出版社印刷厂印刷　　新华书店北京发行所发行
2010 年 8 月第 1 版　2010 年 8 月北京第 1 次印刷

开本：787mm×1092mm 1/16　　印张：9
字数：260 千字
定价：98.00 元